U0852983

# 教育心理学研究

任 祯 董亚頔 郭建伟 著

湘潭大学出版社
XIANGTAN UNIVERSITY PRESS

# 前　言

教育心理学是一门很大的学科，因为它能覆盖的范围实在是太广泛。如果想应用教育心理学中的某一理论或策略，必须搞清楚主体和对象的具体情况，然后进行分析、计划、实施、总结。在一个特定的环境中，教育心理学所发挥的作用很明显，这也为我们的教育工作提供了便利。

教育心理学作为一个教育理论工具，常被各学校教师选用。其目的是提高学生的学习效率，但如果用得不好，很可能起到反作用。这意味着我们需要更多地关注教学计划。在进行教学之前，我们要对教学内容、教学目标、教学策略等方面进行全面的规划和研究，要把课堂上可能发生的一切都考虑进去，对一些无法预料的事情也要做好预测，并制定相应的措施。

本书非常重视教学实践中所遇到的问题及处理方式，因时、因地、因人而异，突出差异化教学策略的影响。新形势下的教育工作需要教师付出更多的努力、更多的耐心。要想真正做到把学生放到主体地位，必须配以足够的教学策略和方法，把务实的工作作风凸显出来，这样才能把理论与实践结合起来，把教育工作做好。

# 目　　录

# 第一章 心理发展与教育

## 第一节 心理发展的理论

### 一、心理发展的内涵及特点

#### （一）心理发展的内涵

心理发展是指一个人在自然生命发展过程中产生的一系列心理变化。这一进程虽然会包含着消极的、衰退的变化，但也包含进步的、积极的变化。心理学家根据生命个体在一定的时间内的共同心理特征和支配行为，将个人的心理发展阶段分为以下 8 个时期：

1. 个体心理发展的开始阶段，称为乳儿期（0～1 岁）；

2. 个体心理发展最迅速，尤其是行为和语言发展阶段，称为婴儿期（1～3 岁）；

3. 个体的心理发展走向成熟，世界观、人生观开始形成的阶段，称为幼儿期（3～6/7 岁）；

4. 学习成为个体的主要活动，抽象逻辑思维能力开始发展的阶段，称为童年期（7～11/12 岁）；

5. 个体生理发展趋于成熟，与相对滞后的心理发展不协调，导致个体心理发展的矛盾性的阶段，称为少年期（11/12～14/15 岁）；

6. 个体的心理迅速发展并成熟，同时也是人生观、价值观成熟的阶段，称为青年期（14/15～25 岁）；

7. 个体的心理发展相对稳定的阶段，称为成年期（25～65 岁）；

8. 个体的心理和生理均出现衰退趋向，称为老年期（65 岁以后）。

## （二）心理发育特点

### 1. 阶段性和持续性

在心理发展的进程中，一些新特点累积起来就会代替原有的特点，占据支配地位，呈现出阶段性的特点。之后一段时期的发展往往在前期的基础上进行，并在新的发展中孕育着新的特点，体现了心理发展的延续性。例如，儿童在 3 岁时，他们往往就会产生出“我”的观念。他们会把“这是我的，不是你的”“我要自己做事”挂在嘴边，抗拒家长的束缚，他们的独立意识也在萌芽；当他们上了幼儿园，特别是上了小学，社会给他们的任务就是让他们担负起责任，并逐步发展他们的独立性；到了青春期，个人的“成人感”就显现出来。他们开始追求做独立的个人，行动和内在都充满了独立的思想，直到他们成长为一个独立的自己。在这一过程中，个人的独立性发展是连续的，而在个人发展的各个阶段又呈现出各阶段的特点。这就是个体心理发展阶段性和连续性的具体体现。

### 2. 顺序性和方向性

个人的总体心理发展程度、各种心理过程或功能，都是从低层次发展到高层次；从感知、表象发展到思考；从原始的情绪、行为发展到复杂的感情、意志等。儿童的生长发育、生活习惯、气质、性格等因素都会对其心理特征产生重要的影响。虽然各阶段的发展速度有很大的差别，但是发展的趋势是无法避免的，也是无法逆转的。

### 3. 失衡性

心理发展的失衡性主要体现在两个方面：一方面，个人的不同的心理功能发展的速度、结束时间和达到成熟的阶段。比如，一个人知觉的发展在幼年就已经发展得很好，而在青春期之后，就有了自己的认识，抽象的逻辑思考在青少年阶段得到发展。另一方面，同一种心理功能在发展过程中的发展速度也不尽相同。如儿童期、青少年期是个体心理发展的加速期，而成人期则是心理发育相对平稳的阶段。心理学的研究表明，人的心理发展有一个十分关键的时期，也就是“敏感期”。这个阶段个体的某些心理功能的发展会受到环境影响。

### 4. 个体差别

虽然心理发展有一定的规律性，但是它在不同的人的发展中也呈现出其特有的发展速度、最终的发展水平和发展的优势领域。每个人的心理发育程度都不一样：有些人发育得比较早，有些人比较晚。不同人的心理发展程度也有差别；有些孩子3岁就会读写，有些孩子3岁才会说话；有些孩子聪明过人，有些人才智普通。因此，在心理发展方面，每个人都有很大的差异，就像有的人擅长运动，有的人擅长绘画。

## 二、认知发展的教育和理论

### （一）皮亚杰的认知发展阶段论

瑞士著名的心理学家、哲学家皮亚杰在20世纪创立了认知理论学说。他的认知发展观对教育界产生了非常大的影响。他的“认知发展”思想脱离了基因与环境的纷争，明确提出了“内外互动”的发展观。主体与客体的交互作用主要体现在以下几个方面：

第一，在心理发展过程中，主体与客体之间是相互联系、相互制约的关系，也就是说，两者相互依存，缺一不可。

第二，主体与客体之间的交互作用表现为：先天遗传因子是一种可控、易变的基因，受环境影响会发生变化。

第三，个人的主观能动性决定了主体与客体之间的互动。心理发展过程是一个积极的自我选择和自我调节的主动建构过程。

#### 1. 建构主义的发展观

皮亚杰指出，人的发展是一个人与外界互动的过程，他的内在的心理构造也在发生着变化。这不仅包括了新的知识、新的观念，也包括了思维的本质改变。各种生物都具有适应性与构架的趋向，而适应性与构架又是两个功能：一个是生物的活动因受外界环境的作用而发生了适应性的改变；另一个是它并非被动的，而是一种积极的内在结构的构建。

适应性包含两个方面：一是同化，二是顺应。同化是指将外部因素纳入一个正在形成的或已成型的结构中；顺应是由被吸收的要素影响而产生的变化，也就是内部模式的变化，以适合于实际情况。皮亚杰通过这两个过程来说明人的认知结构和外界的影响：在一个新的刺激条件下，如果能够将其与自身的认知结构结合起来，就叫作“同化”；不能用原来的模式去理解和接受，那么认知结构就会发生变化，就叫作“顺应”。

皮亚杰用图式来解释认知结构，他认为，“认知结构是指在相同或相似情况下，因重复而导致的行为的结构或组织。”人类的原始模式是从基因上继承下来的，它可以通过诸如吮吸、抓取等简单的反应来实现。个体通过不断充实和完善自己的认知结构，以适应周遭的环境。皮亚杰指出，“人的心理发展是一个人在适应越来越复杂的情况下，不断地构建和完善自己的认知结构，从而使自己的认识得到发展。”

### 2. 认知的发展阶段

皮亚杰指出，人的认识发展并非一个简单的数量增长的过程。它会随着认知结构的持续重组而发生，从而形成若干个连续的不变序列。他将儿童的认知发展阶段划分为感知运动、前运算、具体运算和形式运算四个阶段。

上述四个阶段并非单纯的数量差别，而是有质的差别。在早期阶段，其行为形态往往与下一阶段融合，无法互相转化。每个行为方式都源自上一期的构造，而从上一期的构造中引出后一期的构造。前者是为后者做好准备，而被后者所代替。发展的分步并不是一步一步，而是在某种程度上相互重叠。不同时期的儿童的年龄根据个人的社会环境和教育程度而有所不同，可以早或晚，但是不同的时期顺序是相同的。

### 3. 发展的影响因素

（1）成熟

成熟意味着身体发育，尤其是神经系统和分泌系统的发育。人的成熟主要是为了发现新的可能，而这仅仅是一个行动的需要，如何将这种可能性变成现实，取决于个人的体验和实践。

（2）实践与体验

实践与体验是个人在实践和学习对象时所获得的体验，与社会经验有不同之处，他将体验分为两类：物理体验和逻辑数学体验。前者是指人在物体上的行为，得到物体的特征（如体积、重量等），而在另一种意义上，则是对行为的理解。例如，在特定的计算阶段，学生会有逻辑思考的能力，可以根据自己的经验找出一套对象的数量，不依赖于对象的空间排列，也不依赖于计算的顺序。前者是物理体验，后者是数学和逻辑的体验。前者来源于对象的特征，后者则不在对象自身，而是由对象对对象的行为和行为之间的相互配合而产生的，是对行为及其相互关系的抽象。所以，知识不是来自对象，而是来自行动。皮亚杰把这种思考过程中的操作称为逻辑数学操作。对学生而言，这是一种新的知识，是一种新的结构。

（3）社会体验

社会体验是人与人在社会环境中的互动以及对社会文化的传承，在不同的文化背景、不同的发展阶段可以加快或延迟。社会环境的影响主要包括教育、学习、语言等。系统教学能让学生对外界事物有更多的感知，得到更多的体验，从而促进他们的智力发展。良好的教育可以在某种程度上加快思想发展的进程，但不能使思想发展的次序发生变化。通过教学促进学生的思维发展是有限度的，不能超出发展的范围进行拔苗助长。

## （二）维果斯基的历史文化发展思想

苏联著名的心理学家维果斯基在心理学理论研究方面创立了一种独特的理论，在中国和西方心理学领域都得到了高度的重视。

20 世纪 30 年代，维果斯基基于历史唯物主义的观点提出了“文化 - 历史发展”的概念。他认为，人类的高等心理功能是由社会发展的历史过程所决定的。他特别重视人的社会文化在人的心理发展中所起的重要作用，并指出了社会关系在人的认知发展中的重要作用。他从发展心理学、教育心理学两个方面对思维和语言，儿童学习、教学和发展的关系进行了较为全面的论述。

### 1. 历史发展的文化学说

维果斯基从种系与个人发展的视角对心理发展的本质进行了剖析，并提出了“文化 - 历史发展”学说，用以解释人类高等心理机能的社会历史问题。维果斯基把两种心理机能区别开来：一种是低层次的心理机能，一种是在早期以直接的方式与外部环境进行交互作用的高等心理机能。高等的心理机能使得人的精神与动物有本质的不同。这两种功能在个人的心理发展中是相互结合的。高等心理机能本质上是由心理工具作为媒介，受到社会历史发展规律的约束。所以，人的心理和动物的相比，不仅仅是数量上的增长，更是在结构上的改变，从而构成了一个新的意识体系。

按照恩格斯的观点，人在与大自然融为一体的同时，通过使用各种手段来改变环境。维果斯基对这种精神功能的社会根源和媒介的观点进行了详尽的阐述。工具的应用给人们带来了一种新的适应性，也就是通过间接的物质生产法，使得人们不能像牲畜那样通过肉体的直接途径来顺应大自然。劳动过程中凝聚着人的直接体验，也就是社会、文化和知识的体验。维果斯基所说的“器具”分为两个层面：一种是生产实物，另一种是用来制造心灵的（一种语言的象征体系）；一种是用来引导事物发生改变的，另一种是用来引导人们的思维和行动的。

维果斯基指出，人的思想和智能是在活动过程中产生的，是各种活动和社会性相互作用的内在产物。儿童的认知发展主要依靠身边的人的协助，儿童的态度、思想、知识、价值观念等都在与别人的互动中得到发展，而儿童的成长则取决于他们的学习方法和学习内容。他相信，人类的高等心理机能是在与社会互动的过程中产生的，也可以说，人类的高等心理活动源于社会的互动。

### 2. 心理发展论

维果斯基在对人类高等心理机能和特点进行了详尽的定义和描述之后，提出了很多有关儿童认知发展的看法，这些看法与皮亚杰的认识发展观是相通的，也是不同的。皮亚杰强调，儿童对自己所处的世界的认识模式是由他们自己来构建的，而维果斯基则把儿童的精神发展看作是社会的。

在论述发展时，维果斯基首先界定：心理发展是个体的心理自出生到成年，在环境与教育影响下，在低级心理机能基础上，逐渐向高级机能转化的过程。由低级机能向高级机能发展有四个主要表现：（1）随意机能不断发展。随意机能指心理活动的主动性、有意性，是由主体按照预定目的自觉引发的。儿童心理活动的随意性越强，心理水平就越高；（2）抽象——概括机能提高。儿童随着词与语言的发展，知识经验的增长，各种心理机能的概括性和间接性得到发展，最后形成高级的意识系统；（3）各种心理机能之间的关系不断变化、重组，形成间接的、以符号为中介的心理结构。儿童的心理结构越复杂、越间接、越简缩，心理水平就越高；（4）心理活动个性化。维果斯基强调个性特点对认知发展的影响，认为儿童意识的发展不仅是个别机能由某一年龄阶段向另一年龄阶段过渡时的增长和提高，更主要的是其个性发展、整个意识的增长与发展。个性形成是高级心理机能发展的重要标志，个性特点对其他机能发展具有重要作用。

### 3. 教育与发展之间的联系——近期发展地区

维果斯基在教育与发展之间的关系上，提出了“儿童教育可以被界定为人的发展。”他提出了“发展区”的理念，即教育要考虑到儿童已经达到的程度，而且要领先于他们的发展。在决定儿童发展的程度和教育时，有必要将儿童的两个发展层次考虑进去：一个是目前的发展程度，一个是通过大人的帮助来解决问题的程度，或者是通过别人的启发来达到的程度。这两个差距，也就是目前的儿童发展水平和通过别人的帮助能够达到的更高的水平的差距，就是最近的发展区域。在当前的发展地区，教师与教师之间的互动促进了发展，而社会与教育则是促进发展的重要因素。在这种意义上，维果斯基相信，教育是对儿童发展的“创造”。他认为，教育应该领先于儿童当前的发展水平，教育能引领发展。

教学在儿童发展的内容、水平、速度等方面起着重要的作用，同时也在一定程度上影响着儿童的发展。由于儿童英语和英语能力的差异是动态变化的，这要看教师怎样才能使儿童对知识理解和内化。教育不等于发展，也不能立即决定发展。所以在教学内容和教学方式上，既要顾及儿童目前的发展状况，又要针对儿童的最新发展区域，给予他们更高的发展需求，才能更好地促进儿童的发展。

### 4. 内部化理论

维果斯基非常重视教育。他主张，只有在教育的过程中，孩子们才能真正地把握和融入自己的认识结构之中。维果斯基内化理论以其“工具”理论为依据。他认为，符号体系的使用可以促进人的精神行为的根本性的改变，而这一转变不仅仅是人的发展，更是个人的发展。儿童早期尚不能运用语言作为一种工具来组织他们的思维活动，他们的思维活动是直接的、随意的、低级的、自然的。只有掌握了语言的工具，心理机能才可以转变成间接的、高级的、社会的、历史的。

新的先进的社会史的思想活动，最初是以外在的形式产生，而后转化为内在的行为，最后在心中无声地发生。具体而言，语言符号体系在儿童的认知发展中起着举足轻重的作用。语言为儿童的思维和提问创造了条件，同时也为儿童向周围人学习创造了条件。儿童语言对高等心理机能的发育有直接的促进作用。皮亚杰认为，儿童的自言自语是一种不成熟的语言，是一种以自我为中心的语言。儿童在自己说话时不会顾及别人的感受，直到他们逐渐发展到认知上的成熟，才会逐渐聆听，积极与他人沟通。维果斯基相信，孩子们自说自话并不是一种儿童的行为，它会极大地改变儿童的认识。这是一种通过自身交流来指导自己行为的方式。

皮亚杰的“认知发展”阶段论在教育教学中起着重要的作用。皮亚杰并不提倡教导孩子们使用超越自身能力的教材，也不提倡没有依据或人工加快儿童的成长，但是对儿童的认识发展来说，太过简单的问题也起不到多大的效果。在不超出学生现有的认识层次和知识体验的情况下，教师要创造一个恰当的教育环境，帮助儿童逐渐构建自己的知识体系。如果儿童在学习过程中产生了失误或者感受到了某种认识上的矛盾，那么儿童就可以对自己的行为进行反思，从而得到一些新的认识。在与他人的互动中，儿童获得了知识，检验了思想，并且持续地获得了回馈，而具体的体验也为思考提供了材料。

不同的是，不同的学习者在不同的认识发展程度和所获得的知识体验之间存在着巨大的差别。为了使教学能符合学习者的认识层次，教师必须明确其不同的认识层次。教师可以在学生思考问题的过程中观察他们的行为来实现这一目标。此外，对常见的错误进行剖析，可以帮助教师了解学生的思想特征和发展程度。虽然皮亚杰关于发展的学说和发展的层次不能作为衡量一个人智力发展程度的唯一依据，但是它对教育的实际应用还是有一定的借鉴意义的。

皮亚杰从生成的知识论观点出发，对人的心理起源、心理发展做了较为深刻的论述，并结合大量的经验加以论证。他所重视的主客互动思想、心理活动在心理发展过程中的重要作用、个体心理发展的不同阶段的质量差别以及个体的论述，都是很有启发性的。

### 5. 维果斯基的教育思想及其对教育的启示

根据维果斯基关于儿童心理发展的定义与诠释，我们可以推断出维果斯基也是一位建构主义者。维果斯基指出，人的精神发展是一种量和质的变化，是一种结构的变化，最后是一种新的意识体系。维果斯基把精神构造看作是外在活动的内在产物。所谓活动，就是以语言和其他象征体系为媒介的社会行为。最早的、最根本的活动是在人们的协作和交流中进行的外在的社会活动。由于受社会与教育的限制，学生的心理活动是由外在的、人的交互作用而产生的，再到内在的活动。维果斯基强调了内在的心理构造的重要性，他主张新的知识应该建立在旧的知识之上，新旧知识被整合，以构成新的结构。

维果斯基的学说是当代建构主义发展的重要理论基础。在此基础上，学者们提出了许多教学方式，尤其是“托架”法。该方法的关键是强调在教师的引导下让学生发现，教师的引导成分会逐步降低，最后让学生能够自主发现，把监督学习和探究的任务从教师转移到学生身上。维果斯基的理论对情境学习、合作学习等教学方式也具有指导意义。

## 三、教育与人格发展理论

### （一）埃里克森的社会心理发展学说

生于德国的埃里克森曾在奥地利学习弗洛伊德心理分析，后来在美国安顿下来。他是近代杰出的心理分析学家，也是新心理分析学的主要代表。尽管他认同弗洛伊德的个性构造学说，但他并不提倡将所有行为和个性发展的动机都归咎于生理因素，特别是性别因素，并指出在一定的文化环境下，个性的发展受到了一定的文化环境的影响和限制。埃里克森认为，虽然有一些文化上的差别，但是情绪的发展和它们与社会情况之间的联系是相同的。基于对个人与社会之间的关系的重视，他认为个人发展的阶段理论是将个人发展与个人发展相联系的过程。

从临床跨文化的角度来看，埃里克森把人的发展分为八个不同的发展阶段，它们各有侧重，互相联系。他相信，每个人在每个发展阶段都要面对一种明确的主题或者一种特殊的精神危机。个人在各个时期都能顺利、理性地处理各种危机和矛盾，从而形成正面的个性，促进健康人格的发展。个人应对各种危机的方法对个人的自我观念和社会观念产生了深刻的影响。

埃里克森不像皮亚杰那样将各个阶段都看作是彼此独立的。他把个人的发展看作是一个整体，每个发展过程都会受到上一时期发展的影响。健康的个性，是指在八个不同的发展阶段，通过积极处理各种危机而产生的对应素质。解决危机的方法并非一成不变，因为后续发展的各个阶段都会带来新的发展和变革。所以，有些人在一定时间内没有得到很好的结果，可以在以后的发展中逐渐得到；过去获得积极结果的人，在以后的发展中也会失去。

### （二）关于柯尔伯格的道德发展阶段说

美国著名的伦理心理学者、伦理教育家柯尔伯格在一次偶然的机会中阅读了皮亚杰的《儿童的道德判断》一书。这激发了他积极探索道德教育问题的强烈欲望，并立刻开始了对它的研究。在16年的时间里，他对10个不同国家和地区的儿童进行了全面的比较，特别是对美国75个儿童进行了长达16年的追踪研究，获得了大量的经验资料。同时，他也对以前的学校道德教育进行了系统梳理与评述，形成了一套较为完备的理论体系。柯尔伯格所提出的道德认识发展理论与模型在当代学校的德育研究与教学中得到了广泛运用，道德认识发展理论与模型被誉为当代学校德育的“基石”，柯尔伯格本人也被称为“开山之父”。

柯尔伯格在儿童的道德发展问题上首创并运用了“道德困境”的叙事方法。该方法是通过编造故事，以问答的形式来探讨故事中的角色的品质道德。典型的伦理困境在《海因茨偷药》中有较为详细的描述。在意大利一个城市里，有一个叫海因茨的男人，他的妻子患上了癌症，生命垂危。城里的一位药师发明了一种治疗癌症的灵丹妙药，但要价极高。海因茨穷困潦倒，变卖了所有的财产，又向朋友们借钱，但是还不够。他向药店老板讨价还价，但是被拒绝了。他要求分期支付，但被药剂师拒绝了。海因茨的妻子病得很重，连药都买不起。无奈之下，他连夜潜入，偷了一批药品，被抓到了警局。柯尔伯格对此提出了一连串的疑问：海因茨是否应该偷药品？他到底对不对？要不要定罪？他是个好老公吗？若不是要救自己的妻子，他还会偷吗？在法律和道德上，到底是对的，还是错的？他让受试者就这些问题进行探讨，以探讨他们在道德评判中所遵循的准则和道德发展程度。人生中的道德两难是人人都有的，道德两难又是什么？这就像在鱼肉与熊掌中做出选择一样，必须舍弃其中之一，即遵循的伦理规范。“准则”是一种主体性的法则。当个人接受了伦理准则之后，那就是他的原则。每个人都有自己的原则，而在特定情况下，这些原则的需求就会产生。这让他有些不知所措，甚至有些矛盾。但是，就在矛盾的化解中，个人的品德也有所提升。道德上的两难处境，像一个卖醋的生意人将少许的清水和醋混合在一起。卖方认为，由于只加了少量的水，所以买方并不会意识到。如果自己赚了许多钱，那他就得面对要不要换的抉择；如果有贼偷了东西，要不要通知别人？如果你告诉别人，你会不会被你的仇家给报复，你会不会因为别人的欺凌而去帮助别人？一个人很厉害，让一个学生帮他做功课，到底要不要做……总之，道德上的两难很常见。柯尔伯格通过道德的“两难”故事理论得出结论：尽管种族、文化和社会规范存在差异，但道德评判的能力却是随年龄增长而变化的。

### （三）个性发展学说在教育中的作用

#### 1. 埃里克森的社会心理发展学说在教育中的作用

埃里克森的终身个性发展学说为各个年龄阶段的教育提供了理论基础和教学内容。任何年龄阶段的错误教育都会阻碍个体终身发展。它能让人知道为什么会变成这样，也能让人知道哪些心理素质是正面的，哪些是负面的，这些都是在什么年龄阶段形成的，从而为我们的思考提供基础。

埃里克森的心理学社会发展学说为我们指明了生命各个时期的发展目标和所需的支援与协助，可以使教育人员更好地认识到学生在各个发展时期所遇到的危机，并据此制定对策，从而有针对性地解决问题。

#### 2. 在学校德育中运用柯尔伯格的道德发展阶段学说

柯尔伯格既关注伦理发展的问题，也注重道德教育在教育实践中的运用。他认为，道德教育不能采用机械的动作或“老生常谈”，应该根据孩子的不同年龄阶段进行教育。营造一个有利于儿童与伦理问题的交互式环境，使其面临学校和社会的两难处境，从而引起其伦理意识上的冲突，并通过对话的方式解决其认知上的冲突，从而提升其道德素质。德育的任务就是通过提高儿童的道德认知，使他们能够辨别是非，作出正确的道德判断和选择。

柯尔伯格认为，道德教育的具体目标是：逐步促进儿童的道德发展，使其在道德上的判断和推理能力逐步成熟，使他们了解基本的公平和平等；培养儿童推理、归纳的能力。

## 第二节　教育心理学的研究对象与意义

### 一、教育心理学的含义

学科的研究目标是随着其发展而逐渐发展、逐渐清晰的，这一点同样适用于教育心理学。桑代克，教育心理学的创始人，在其三卷《教育心理学》中，第一次提出了这样一种观点：“教育心理学”是对人的天性进行研究，它是在接受教育之前，研究人们的天性是如何在学习和教育中发展和改变的，以及人格的不同。桑代克的这种思想和他所创立的教育心理学系统，在过去的50多年里一直主宰着西方的教育心理学，直到近些年才发生了很大的变化。目前，西方学者大多将教育心理学界定为在学校情境下进行教学、学习、教学活动的心理与行为的研究。前者偏重于以教学为主体的教学与学习的矛盾，而后者注重以“学”为主体的教学与学习之间的矛盾。苏联教育心理学注重对“教之有效”的探讨，强调教师在教学中的领导地位，并将其界定为“研究教学与教育的心理规律”。

以上看法在我国的教育心理学研究中得到了广泛的体现。我国对教育心理学的界定大致可以分成两种：一种是关于教育心理学的概念，即它是关于教学活动的心理现象和教学规律。这种思想在潘菽所著的《教育心理学》中首次出现。潘菽认为“教育心理学研究的对象是在教育活动中发生的各种心理现象”。教育心理学是对心理现象和教学活动的规律进行研究的一门学科。第二种定义是：“教育心理学”是一种探究学校情境和教学心理规律的研究。邵瑞珍提出“教育心理学是一门关于学校情境和教学的心理学基础法则的科学”。这一概念在当今社会具有很大的影响力，许多教材中都有使用。除以上两种类型的定义之外，还有其他的定义，但是与以上两种定义大致相同。

这两种类型的界定都有各自的特征，前者是关于教育心理的客体的笼统描述，而后者的界定是针对其研究的客体因而更加清晰、具体。教育心理学的研究不应该局限于所有的教育活动，而应该关注在学校教育中的心理现象和规律。众所周知，教育是一项社会实践活动，除了学校教育外，还应包含家庭教育与社会教育。三类教育虽有某些共同的基本原则，但也有其自身的特点。教育心理学是一门以学校背景的心理学为研究对象的心理学。因此，本书认为，要对教育心理学的研究对象进行全面的系统的描写，我们应该从以下几个层面进行分析：

（一）在学校教学中，学生的学习行为和教师的教学行为都有其内在的联系。这是因为在学校教学活动中，教学和学习的矛盾是主要矛盾。在学校教育情境下，学生的学习与人的普遍学习是有区别的，前者是一种特定的学习方式。也就是说，在教育者的有意引导下，学生的各种学习行为、思想和认知，都受到了教育者的各种外在环境和方法的影响。因而，教育与教学是一种双向的活动，它包括了学生和教师。如果没有教师的指导，那么学生的学习效率就会降低，而学生要想让自己的学习变得更好，也离不开教师的教学。因此，教育心理学必须对教师和学生进行研究。

在教学和教学过程中，教育心理学应该以学生的学习行为和心理发展的规律为研究对象。这是因为，在教学与学习的冲突中，最大的矛盾是学生的学与教师的教，而教师的教学又是为学服务的，因此，教育与教学应该围绕着学习的进程展开。帮助学生有效地进行知识的学习、智力开发和人格培养，是学校教学的终极目标，也是教师教学的基本目标。而且，教师的教学内容如确定教学目标、设计教材、分析和评价教学任务甚至其所有的教学活动都要遵循学生的学习心理规律，否则会适得其反。这就导致教育心理学的研究对象应该是以学生的学习为主线，围绕着学生学的基本心理规律，探讨教的心理学规律，以及在教学过程中产生的心理现象和规律。

要与教学过程紧密联系，探讨和揭示学与教的基本心理规律。学与教是教育过程中不可分离的两个环节，它的产生、发展和改变都是在教育的过程中产生、发展、改变的，离开了教育过程，就没有办法去研究和了解。不过，教育心理学不是对教育活动的研究，不是单纯地理解教与学的过程，更不能把它与教育学、教学法等学科区分开来。教育心理学作为一门学科，不能简单地描述学习和教学中的心理现象，而应从心理现象中挖掘出心理的基本法则，并将之应用于实践。

在此基础上，本书提出了一种关于教育心理学的定义，即：对学生在学校教学过程中所学到的知识和对教师所传授的知识的心理规律的研究。这里的“学”，既是指“学”，也是指“形成、发展”的思想道德、人格，以及“其他素质”的形成和发展。

## 二、教育心理学的学科属性

当前，人们对教育心理学的学科性质有两种看法：一种是将其视为一种应用性的研究，另一种是将其作为一种独立的研究。事实上，这两个概念并没有相互矛盾。教育心理学既是一门应用学科，又是一门独立的学科。一些学者之所以如此重视它，是因为过去人们只注重它的实用性，忽视了对它自身的研究，而对它自身的研究也仅仅局限于把心理学中已被证实的理论应用到教学中。因此，当有新的发展时，其内涵也会随之扩展。比如20世纪20年代后期，法国人比奈发明了智力测验，从而出现了一系列的测验。20世纪30年代末期，心理学在各方面都有了长足的发展，而教育心理学也把它作为自己的一部分；20世纪40年代之后，随着弗洛伊德的理论逐渐流行，人格的社会适应问题也逐渐进入教育心理学领域。这种博采众长、兼容并蓄的精神，自然是有其优点的。然而，换个角度来看，假如全部的心理学知识都包括在内，那就不能算是一门科目，只能是一种“大杂烩”。而且，它所涉及的问题虽然非常“实际”，但大多是片面的，常常是以具体的教育问题为对象，教育实践中的心理学问题缺乏系统地探讨，尤其是缺乏基本理论的探讨，导致这门学科体系混乱，内容庞杂。在此背景下，教育心理学成为学者争相研究的一个重要课题，并就此构建了一个新的研究方向。

为此，应加强对教育心理学的基础理论和方法的研究，以构建我国教育心理学的理论体系。当然这并不意味着教育心理学不能作为一门应用学科，虽然它并非一种单纯的心理学，无法从已有的心理学理论中找到解决问题的途径。教育心理学是以教学活动的心理规律为依据的，既要与教学过程密切相关，又要对教学的基本原理进行归纳和总结，并将其应用于教学工作。教育心理学不仅要从理论上阐明学习的本质、过程和普遍规律，而且要对学生的智力发展、知识的掌握、品德形成的规律等问题进行详细的论述，并指出教师如何按照这些规律来进行教学。然而，要真正成为一门独立的学科，则需要与教育实践密切结合，把它应用于实际。

## 三、教育心理学及其相关学科

教育心理学是综合心理学各领域的成果而发展起来的，它的研究领域非常广阔，与其他学科关系密切。但是，作为一门独立的学科，教育心理学又有自己的特色，与其他学科有明显的区别。要对教育心理学与其他学科之间的联系做深入的探讨，这样才能更好地解释它与其他学科的不同。

### （一）教育心理学与教育学的联系

教育心理学与教育学都是为教育实践服务的学科，两者互为补充。教育学在确定教育目的、教育原则、教育方式、组织教学等问题上，必须以教育心理学研究所的相关心理学知识为指导，以培养学生的心理行为为主要内容。因此，教育心理学是教育学的重要组成部分；但两者在研究目标方面又有不同之处。教育学研究的是教育的目的、本质、方法、内容和组织方式，教育心理学的研究对象是教育进程中的心理问题。

教育学的主要目的在于探究教育手段和教育效果的关系，而教育心理学的主要目的在于探究在教育手段的作用下，学生心理活动的发展和改变。教育学虽然也研究了学生在教育过程中的心理活动，但是没有必要去揭示学生在教学中的心理活动和发展的规律。教育心理学的目的在于揭示这些因素的本质，探究促进这些因素形成和发展所需要的教育环境，并摸索其发展的规律。

### （二）教育心理学与普通心理学的关系

教育心理学和普通心理学一样，都是对人类的心理现象进行研究。普通心理学以研究的心理现象的普遍规律作为其理论依据，侧重于对人的心理过程、心理状态、人格心理特点的研究，以及对心理现象的一般规律的理论研究和归纳，以反映现实生活中普遍的心理法则，但并非为具体的社会活动提供直接的指导；而教育心理学则由于在教育过程中的学生心理活动总是包含着若干方面的综合心理现象，因而就要考虑多方面的作用，进行综合性研究。普通的心理学都把人的心理分成几个部分来进行分析，但教育心理学却需要从各个层面来全面地进行研究，因为在教学中，每个人的心理行为都会涉及一些与心理相关的复杂方面。

### （三）教育心理学与学生心理学的联系

教育心理学和学生的心理联系更加紧密。教育心理学研究的是学生心理发展的规律，其研究的对象大都处于教育背景下，而教育又是影响学生发展的一个主要因素。教育心理学的研究必须根据受教育者的心理发展和未来的发展趋势来考察其心理活动的发展和演变。因此，教育心理学与学生心理学既是互补的，也是相互交织的。不过，这两种方法还是有其不同之处。

在研究方向层面，学生心理学注重对学生心理发展的一般特征和规律进行研究。因此，要从学生生活的方方面面来总结其心理发展的规律，而不仅仅是教育领域；在研究起点层面，尽管教育心理学和学生心理学在研究对象上是相互交织的，但一旦涉及某个共同的心理问题，教育心理学的出发点就会和学生心理学发生变化。教育心理学要根据学生的年龄特征和发展规律，根据他们的工作任务，探讨他们在不同的教学活动中的心理活动特征，以便在教学环境下更好地发挥他们的作用。而学生心理学是对人从出生到成年的心理发展的一种横向的研究。

## 四、教育心理学的研究

### （一）心理学理论的充实

教育心理学的根本任务是对学校的教学活动进行研究。教学和学习不是两个问题，教学就是学习。在此基础上，教育心理学的研究目标是在学校教育中探究和运用与学习相关的心理规律。教育心理学的研究分为测试与发现，其测试对象主要是关于学习的影响因素，其中一些是大家熟知的，另一些则是少数人所持有的，而被发现的对象通常是一些不为人所知的、未知的因素之间的联系。测试能使人们从各种角度做出抉择，或是抛弃不靠谱的想法去寻找新的发现，从而为新的研究开拓新的途径。以原理、法则、理论为依据的测试或发现的结果。原理是用来解释和解决各种因素之间的关系，例如智力、学习动机和学习的联系。法则是一个经过逻辑证明并在实践中被证明的简单原理。理论是一套系统化、结构化的规则，包括知识学习理论、道德修养理论。理论的发展看似是一条清晰的路径，但事实上却不是。比如，同一真理与原理，在不同的理论家中会有不同的诠释，有时候，有些研究者会绞尽脑汁地去证明一个看似不言而喻的事实，或是一个问题。不同的人，在不同的时间、不同的情况下，反复地研究同一个问题，这就表明了理论的建立是多么的困难。教育心理学在这个复杂的发展历程中，不断地充实着它的理论。

教育心理学的理论建构与研究看似仅仅是教育心理学本身的问题，但实际上却并非如此，其对心理学整体的贡献同样不容忽视。教育心理学是一门应用心理学的学科，其基础理论研究已取得了丰硕的成果，其中包括认知过程、情感过程和个性发展等方面的理论，均可为教育心理学研究所采纳，而教育心理学将其运用于学校教学环境中的特定群体，也就是学生，是对抽象理论的重新具体化。这些工作既能验证基础理论的可信度，又能在实践中发现新的问题，找到新的规律，使基础理论的研究更加充实和丰富。在教学实践中开展心理学的研究，我们必须采取一些独特的方法，选择一些独特的视角，从而为心理学的整体研究提供新的思路。

### （二）服务于教育的实务工作

教育心理学的研究带动了学校教学实践的发展。

1. 推动教育学的理论研究，对教育工作产生积极的影响。如教育心理学关注知识、技能学习、道德修养等心理机制。知识、技能、道德的学习是学习者的自觉行为，它受到个人、家庭、学校、社会、环境、文化等多种因素的影响。教育心理学对这些要素和它们之间的关系进行探讨，将促进教育学、课程论、德育论等教育理论的发展。

2. 在理论上为教育和教学工作提供了直接指导。从教学内容的选择、教学目标的选择、教学方法的选择、教学方法的设计、从课堂教学到班级的管理，都起到了很大的促进作用。教育心理学的基本原理不仅能用于日常教学，而且还能为广大教师对教育工作中存在的诸多问题进行分析、解决。

### （三）教育政策的指导作用

教育心理学除了对教育的直接贡献之外，还间接影响了教育教学，具体体现在国家和地区教育政策的制订、职业教育方案的制订和教材的选择上。在设置课程、确定学制、制定教学目标、控制班级规模、扩大教学计划等方面，都需要有足够的教学心理学论证。目前，教育改革正逐渐深入，涉及教育目标、人才培养标准等根本问题，从而引发了教育体制、教育目标体系、课程设置等一系列变革，教育心理学也是教育改革的重要组成部分。

# 第三节　大学生心理发展与教育

## 一、当代大学生思想发展的新特征

当代大学生因其特殊的社会历史时期、特殊年龄阶段、特殊的生活环境、特殊的教育内容与特殊的任务和使命，形成了一系列与其他年代大学生迥异的心理特征。

### （一）当代大学生的新心态

从群体层面来看，当代大学生的性格、心态发生了由封闭走向开放、由依赖走向自主、由对书本的关怀走向对社会的关怀。当代大学生人格心理呈现出如下新的特征：

#### 1. 实用化的学习行为

当前社会转型在求真务实的总规则下，要求当代大学生能够完善自我、增强竞争能力，适应未来与迎接挑战。很多大学生把学习对他们未来的工作是否有帮助当作是唯一的衡量标准，他们认为有用就去学，愿意学，如果认为没有用，就不学，甚至会厌学和逃学。很多大学生都认为，读书就是为了在社会上有用，学了没用就不学。

#### 2. 自我发展的人格

当代大学生活给大学生带来了更多的自由、更开放的空间，他们的“成人感”得到了快速的提升，并且有了很强的独立意识。他们对自己的性格有自己的理解，他们渴望成为一个“酷帅”或者“炫酷”的人，他们希望自己能够主宰自己的命运，能够自己选择自己的道路，为未来的社会适应做好准备。所以，他们大都不满足于高校管理部门、班主任教师、家长为其制定的成才模式与发展之路，希冀打破“传统家长式”的桎梏，尤其讨厌打着“我为你好”名义的“包办”和“指手划脚”。

#### 3. 多样化的需求

当前，高校毕业生所处的时代是一个不断深化的、市场经济与知识经济相结合的时期。社会政治、经济、科技、文化、教育等各方面的因素对他们的思想、心理、行为体系产生了丰富而复杂的需求结构。“超前”的现代物质生活需要、多元自治的社交需要、新奇而优雅的文化娱乐需要、提高自己的求知欲、自我实现的职业需要、对年轻人的归属感、对爱情的需要、被尊重和理解的需要，这一切都导致了当代大学生在需要满足方面“几乎没有多余的”，甚至还表现出了一丝“贪欲”。当代大学生在心理需求方面，与过去任何时期的大学生相比，有着巨大的差异和显著的特点。

#### 4. 多元价值观

在当前时代背景下，大学生的价值观呈现出空前的多元化重组和包容性，多元价值共存的现象在当代大学生中尤为明显。现代大学生的绝对权威崇拜、绝对一元主义的价值观与价值评估准则已不复存在，取而代之的是一个多元化的价值观世界。大学生越来越重视个人融入社会、追求和奉献，兼顾国家、集体、个人三方面的利益，同时也更加重视自己和现实。这一转变趋势正逐渐成为当今大学生的价值取向。

#### 5. 消极思想的普遍性

当前，科学、合理、健康的心态已成为当代大学生的主要心理发展趋势。同时，我们也应该注意到，目前的大学生中的确存在着一些负面的甚至黑暗的消极心态，比如悲观心态、困惑心态、冷漠心态、浮躁心态、逆向心态。消极心理的形成与发展，有思想观念、思维方式和人格心理等主观因素的影响，也有家庭因素、社会文化因素、教育改革因素和体制因素等因素的影响。虽然目前大学生的消极心理并没有导致较为严重的精神问题，但是他们也有可能引发各种各样的心理问题和不良行为。因此，要对其进行积极的引导，促进其健康发展。

### （二）新时期高校学生的思想发展面临的新问题

现代高校学生的生涯发展主要是从学校走进学校，缺少对社会的实际体验和实际训练，他们的思想发展呈现出鲜明的两面性，其发展的各个阶段也极不均衡，经常出现各种矛盾和冲突。而我们所处的这个年代，却充满了理想与磨砺并存、挑战与机遇并存、希望与绝望并存、快乐与痛苦并存、幸福与艰难并存的多重抉择。加之中西不同的文化理念，以及传统价值观的没落和当代的多元化价值观的冲击，形成了一个错综复杂的时代。

#### 1. 普遍存在的精神冲突

当代大学生是具有复杂心理的年轻人。这一时期的大学生心理上的冲突表现为：自我封闭所造成的孤独与强大的交流需求之间的冲突；对自我的渴望与对感情和物质的依赖性；对知识的渴望与认同感的缺乏；对感情的冲动和对理性的控制的抑制；对美好的渴望与对现状的不满意；对性的认识与对异性的正确对待；

2. 两面性的心理冲突

当代高校学生的心理冲突表现为：在思想上表现出积极的一面，但在知识上却表现出一种单向性；在追求的目的上是时代的，在根本上却是享受的；在思维活动上具有求异性，而在精神上则是逆向；在行为上是自主的，而在精神上是脆弱的；在行为上是宽泛的，在感情上是冲动的。

3. 复杂的心理冲突

由于学业压力、经济生活压力、就业竞争压力等因素的影响，当代大学生的心理环境出现了“双趋冲突”“双避冲突”“避冲突”等情况，心理压力大、心理矛盾复杂，让很多大学生都感慨“这是一种什么样的感觉，剪不断，理不乱”“才下眉头，却上心头”。例如，有些大学生对继续深造与实际生活需求的矛盾，常常“患得患失”。他们想用功读书，却害怕吃苦，不肯吃苦；想要继续深造，却抵抗不住现代化的物质诱惑，渴望能早日找到满意的工作；想要掌握理想的工作，却又对大学的美好生活念念不忘，唯恐错失这千载难逢的进修机会。

4. 不能正确地确定自己的位置，缺乏独立性

受应试教育的影响，当代高校学生普遍缺乏动手能力和自立能力，成绩偏高，能力偏低。离开了父母，进入高校学习，他们的生活空间变得更加自由。在面临选择的时候，不愿意接受自己做出的决定，从而导致各种问题出现。所以，一些学生对自己过于自信，不愿做低端的工作，缺乏艰苦创业的精神；而其他一些学生，由于缺乏足够的实践经验，过于轻视自己的能力，心理素质差，缺少信心，缺少社交经历，缺少勇气和胆识去做事。

### （三）当代高校学生的心理发展面临的新问题

社会转型时期的大学生存在着较为普遍的社会适应性、较严重的学习焦虑、较明显的社会认知偏差、较为明显的“精神贫乏”以及较为典型的“人际冷漠症”。如今，时代发生变化，大学生在道德、学习、行为、思想、自我、需要等各方面都有了新的思考。

1. 心理幼稚

心理幼稚是一种精神发育不全、身心脱节的心理疾病，它是指一个人的心理特征与其对应的年龄不相适应，表现为心理活动和认知水平的低龄化和未成熟。众所周知，现在的

大学生身体发展速度在加快，甚至是早熟，但在现实生活中，有些大学生的过分夸张甚至是完全儿童化的装扮，以及“新新人类”的行为，让教师和家长们都觉得当前大学生的社交能力并不强。“心理幼稚”是当前大学生普遍存在的一种心理问题，它对其健康地成长、成才起着至关重要的作用。

2. 心理侏儒

有些大学生精神世界空虚、精神脆弱、精神需求日益庸俗、精神追求疲软、精神迷茫、精神支柱缺乏根基，内心空虚、浮躁、无聊，为了满足生理上的快感和物质上的享受，甚至走上了迷信，寻找“精神鸦片和垃圾”的刺激，变成了包装精美的“精神乞丐”。

3. 人格失调

人格失调就是性失常的病人，他们会一直不承认错误，将所有的过错都推给他人。这些性格障碍的病人并不知道自己的问题所在，他们只会将问题矛头指向别人。现代大学生的素质发展表现出“人格失调”的多个方面：生理发育早熟、心理发育迟缓、成绩低、眼高手低、智商低、情商低、没有学术思想、社会适应不良、缺乏诚信与责任、口是心非、言行不一、成了“语言巨人、行动矮子”。同时，部分大学生也出现了“人格危机”，表现为传统人格“失落”，或者“未成熟人格”“多重人格”“物化人格”及“边缘人格”等。一旦出现了人格失调，我们应该采取以下措施：一是增强对人生的体验。一个优秀的学生，曾经在学校里混得风生水起，但是进入大学，却在一次普通的测试中失败了。他第一个念头就是盲目相信自己的实力，而不是想着自己没有好好复习。失败的次数越多，他就会反省自己，自己怎么会输？一、两次或许是外在因素，但若是次数太多怎么办？很有可能，这一切都是他自己的原因。一旦发现是自己的问题，性格上的问题就会得到解决。二是主动投入时间和爱。对于自己不喜欢或者让自己心情不好的事情，学会浅尝辄止，不用花更多时间去研究、去实践。主动投入时间和爱，就是改善自我人格失调症状的开始。

4. 以自我为中心

“以自我为中心”就是一切以自己为先，凡事都要站在自己的立场上思考，只顾自己的利益，不顾他人的利益。从自己的角度、自己的经历来理解和处理问题，好像自己的认知和看法就是别人的看法，一味地固执自己的观点，要求别人服从自己，却很难意识到自己的错误。当前高校学生普遍存在着一种以青少年为本的倾向。他们过于信任自己的能力，往往倾向于“概念的形式”而非“遵从真实的体系”，处在“一个典型的形而上学时期”。特别是一些独生子女的大学生，他们“总是习惯指挥别人，总是想要别人围绕着自己”，过分强调自己的感觉，而忽略了身边的人的利益，这就更加凸显了他们的自私。

5. **网络成瘾**

现在各种网页的制作非常精美，而且内容、信息丰富，音乐旋律悦耳，影视影像逼真，巧妙的连接机制，这些对于广大大学生来说都是一种巨大的吸引力，而网游的新奇刺激，更是大学生难以抵挡的诱惑。互联网是一柄“双刃剑”，与其他科技变革的冲击相比，互联网在为人们提供知识、更新观念、开阔视野的同时，也会造成“网络成瘾”的后果。大学生是网络社会中的主体力量，由于其特有的心理特点，使其更容易成瘾，因此，必须对其进行有效的防范与纠正，以避免对其健康发展造成不良的后果。大学生一旦“网络成瘾”，过度沉迷于网络游戏、网络社交、网络色情，甚至对网络产生了强烈的依赖性，在网络上精神抖擞异常兴奋，一旦下线，就会变得萎靡不振。“网络成瘾”主要有四个方面的危害：一是荒废大学生的学业。大学生上网成瘾者大多是课上上网，课后上网，有些人晚上会留在网吧直到深夜，上课迟到早退，或者干脆缺席。上课时睡，到了夜晚则玩游戏聊天，荒废了学业，最终无法完成学业。二是对身体和心理的影响。网瘾不但使人身心俱疲，而且对人的精神也产生了很大的消极作用。严重的网瘾患者会表现出注意力不集中、记忆力下降、情绪低落、脾气暴躁、思维迟缓等症状，严重的还会导致强迫性精神症、精神分裂等。如果继续这样发展，会对学生的人格形成产生很大的冲击。三是对大学生价值观的影响。大学阶段是一个关键时期，也是人们的世界观、人生观、价值观形成的关键阶段，网络成瘾的大学生无法客观、全面地评价社会，长时间沉溺在虚拟世界中，很容易与社会疏离，从而造成大学生价值观的多样性和信念的丧失。与此同时，互联网上也存在着大量色情、暴力等庸俗性的内容，大学生长时间受到不良信息的侵蚀，容易产生庸俗性的价值观。四是容易引发危害社会安定的治安问题。有的大学生经常把虚拟社会和真实社会的界限搞得模糊不清，整天泡在网吧里，很可能和社会上一些品行恶劣的人混在一起，危害社会安定。

## 二、改革创新高等教育的基本观念

如果不能在教育体系中寻找方法解决年轻人面临的困难、焦虑和期待解决的问题，那么我们将面临极大的危险，因为年轻一代会作出不同的选择。当前，大学生的思想发展呈现出新的面貌、新的矛盾、新的问题，要求我们转变教育理念、创新教育理念。我们必须顺应时代的发展，用实际去检验，自觉地摆脱过去的观念、做法和制度的桎梏。高校教育工作者要不断解放思想，实事求是，不断树立新的价值观，不断提高自身教育素质及办学水平。

## （一）确立当代大学生的新心态

高校教师要真正掌握时代脉搏，摒弃传统的、过时的发展观，确立科学的心理学发展观，使大学生在心理健康教育中始终保持全面、个性的发展。

### 1. 主体意识的发展

从影响和实现其心理发展的因素来看，大学生是主要的受教育者。高校要充分发挥大学生的主体性、主动性，才能有效地推动大学生的心理健康成长。大学生的思想不是一个装满知识的“容器”，它是一个等待被点燃的“火把”。我们的高等教育不再是机械的灌输、简单地讲道理，而是要能够理解、尊重、爱护、激励他们。作为一名大学教师，既要善于播撒生活的理念，更要善于“点火”，给大学生们燃起生活的希望，给他们的职业生涯添上一把火，让他们的青春之火燃烧起来。

### 2. 动态的心理发展

大学生是时代的一种特殊群体，他们是时代的产物。他们被时代呼唤着，追随着时代的脚步，在这个时代的潮流中逐渐走向成熟。随着时代的发展，当代大学生的素质、人格也在不断地变化中得到升华。与20世纪80、90年代的大学生相比，当代大学生的人格风貌和素质都有了很大的改变。我们不能用旧的条条框框来评判当今的大学生，也不能用一成不变的眼光去看待当代的大学生，更不能用20世纪80、90年代的标准来评判当代的大学生。只有将其置于一定的历史语境中，才能使其在顺应时代发展的潮流中扬长避短。

### 3. 辩证的心理发展

当代大学生是一群既有优势又有缺点的青年。我们要注意他们的优势，同时也要注意他们的缺点。那些把当代大学生视为“在家长和教师的臂膀下成长的一代”“年幼、思维错综复杂、无法无天、难以管教”的看法，以及对高校教育与管理束手无策的悲观论调，明显阻碍了我们对大学生的认知；而那些“奋发有为、开拓进取、自豪的一代”的看法，太过乐观，也会让教育工作者忽略他们的缺点和问题，从而放弃对他们进行严苛要求和艰苦的教育。

## （二）确立当代大学生的新学风

“教是为了不教”和“学会学习”是当今世界高等教育改革和发展的两大特色。学会学习，是21世纪每一个现代人所面临的一个时代问题，是大学生素质拓展与提升的内在需求，也是大学生走向成功的金钥匙和通行证。高校要以引导大学生学会学习为主题，让他们真正地把学好当成一种自觉、一种修养、一种境界、一种责任，做到喜欢学习、乐于学习，又肯吃苦耐劳，养成新时代大学生的新学风和新气象。

#### 1. 做到自主学习

学习是大学生的首要工作，也是他们的主体性活动。高校应引导学生成为自主学习者，积极吸收先进的学习资源，掌握正确的学习方法和程序。

#### 2. 学习创造知识

创新是人类的文化之源。高校要有效地指导学生从“持续式”到“创造式”的转变，在创新中进行学习，在学习中创新，在全方位完善身心的素养过程中做到“勇于创新学习、能够创新学习、勤于创新学习、善于创新学习”。

#### 3. 学习探究式的教学

“探究”的含义是“探讨与研究”，实质上是“寻找问题的解答”。美国教育界的杜威是第一个在科研教学中应用“探究”的人。施瓦布是一位著名的“学科教师”，他将科学探究原理应用于教育，并将其应用于“稳定探究”与“流行性探究”。“稳定探究”是指研究人员通过对现有的概念进行探究性的探究，得到更迅速的结果，从而弥补知识空白。“流行性探究”并非以迅速获得知识为目标，而是对已有的探究原理进行检查与探究，找出缺陷，并加以改正与替代。在技术快速发展的今天，施瓦布提出了“流行性”的研究方式，这是一种与科学发展的基本原则相一致的研究方式。美国《国家科学教育标准》将“探究”的概念从多个方面进行了界定，从观察、提出问题到利用不同的资源进行调研、分析、解释直至给出解答。现代探究性教学是基于早期的理论，并与教育的实际相联系的，归纳为“教”和“学”的关系。在这个过程中，学生充分运用各类学习资料，发挥个人的智慧和集体的智慧找到问题的答案。

探究式教学注重培养学生的求知、创造及掌握科学的方法，培养全面应用的能力。探究式教学是一种内容综合、形式开放、注重实践探究、注重学生自主感的教学模式，它不同于一般的传统教学模式，它是一种新的、活跃的学习方法。就像联合国教科文协会前任副主席纳伊曼所说：“学而学”这个观念就是指，一个有文化的人可以迅速而精确地发现自己不懂的知识。很明显，在各个层次，尤其是高等教育中，如果认为80%的教学时间用于教学，20%用于学习和研究，那么这个比率就会发生本质变化。

#### 4. 根据学生的特点和情况进行教育

“因材施教”是孔子“以人为本”的教育理念，它对当今的教学仍具有重要的借鉴作用。今天，由于社会、历史、家庭、生理等种种原因，受教育的人、环境及条件都不一样。正确掌握学生的各个方面特征，才能进行有针对性的教学。这就需要根据学生的实际情况，根据他们的特点，进行针对性的教学。在教学中，不仅要有基本的统制要求，还要因材施教，让学生认识到自己的心理特点，找到适合自己的人生道路。培养学生的个性化学习方式，能最大限度地激发他们的学习热情，改善他们的学业表现，确保他们的综合素质得到提升。同时，要与学生多交流，及时掌握他们的心理状态。

### （三）确立高等教育的新目标观念

时任联合国教科文组织主席的马约尔在1998年度世界教育报告中有一段引人入胜的发言：“我们留给下一代的是怎样的世界，主要取决于我们留给这个世界什么样的子孙。”学生要学习人生的学问、求生的技巧、人生的智慧。受到这一观念的启发，大学生要学习人生的大学问、成长的大内涵、生态的大价值、生存的大技巧、人生的大智慧。所谓的大学生，就是要成为一名伟大的学者，能够为社会和国家作出贡献，能够体现自己的价值。

#### 1. 成为一个身心全面的健康人

当今世界，既要有健康的身体，有健康的心态，有健全的人格，有良好的身体素质，有良好的知识技能，同时，智商情商要双高。这就是当代大学生的人生价值取向和奋斗目标。

#### 2. 学会成为有人格魅力的现代人

法国的社会学家莫内曾说，“在人类的基础上，才能实现现代化。”当今的高等教育现代化，就是要培养一批“现代人”，以适应现代化的需要，推动现代化的实现，引领现代化的发展。人格的现代化是指具有现代人格、道德人格和社会人格的人格。联合国教科文组织提出了21世纪的高校学生要“学习认知、学会做事、学会共处、学会生存”。“四个学会”教育思想也是我国高等教育改革的重要内容，是构建全面和谐的当代大学生“人格支柱”。

#### 3. 成为一个聪明的“自我实现者”

从工作理念与目标定位来看，应引导大学生正确对待做人与做学问的关系，引导他们坚持学会学习与学会做人的有机统一，引导大学生真正掌握学会文明与学会生活、学会竞争与学会合作、学会交往与学会关心、学会负责与学会选择的技术与艺术，敢于并善于自我设计，成长为高素质的“自我实现者”。

### （四）构建高校教师的新角色观念

要在大学生成才过程中充分发挥教育者的领导地位，高校教师必须自觉地学习新的教育理论和教育思想，真正掌握大学生的思想、心理脉搏，树立“育人为本”的工作思想，真诚地为所有学生的学习和生活服务，多做辅导性、疏导性、教导性和引导性的工作，对当代大学生的学习问题要进行辅导，心理问题要进行疏导，思想问题要进行教导，生活问题要进行引导；教师应常反思在管理工作和教育过程中的所言所行，善于转变角色，把教育者、权威者、管理者的角色改为导演、导师、导游的角色。

#### 1. 成为“导师”

高校教师要恪守教育法律、师德的根本要求，以身作则，充分发挥对大学生的“精神关怀”的作用，使“人师”与“双师”相结合，使专业和灵魂的“双高”融为一体，展现出自己的学术思想、人格魅力和学术风范。

#### 2. 成为“导演”

高校教师要善于把课堂、实验室等变为展现自身卓越教学艺术的舞台，充分发挥自己的人格和才华，自觉、主动地成为富有时代道德精神和表演艺术的杰出“演员”。作为一名高校教师，必须要在“德艺双馨”中扮演“优秀导演”这一角色，而且要做到真实、自然、到位，不留下任何“痕迹”。

#### 3. 成为“导游”

高校教师要引导学生在知识的海洋中奋勇前行，引导他们正确地选择自己的人生理想和发展之路，科学地认识生命发展的意义、价值和真谛，积极面对各种挫折、失败和困难，理性地把握“十字路口”的发展，用心体味生命旅程中的“风景线”。

### （五）构建高校新的精神观念

高校的精神是高校思想的中流砥柱和核心，是高校办出特色、办出水平、办出活力的源泉和动力，是高校发展的凝聚力、创造力和生命力。在高校，大学生的心理发展与成熟期是一个关键时期。当代大学生既不是“精神侏儒”，也不是“精神附庸”“精神乞丐”，而应该成为整个时代的“精神贵族”。大学的精神难以自然而然地吸引大学生。当代高校应当引导大学生大胆而又坚决地走向大学的精神。

1. **大力提倡和培养民族理性**

在五千年的历史长河中，中华优秀传统文化的沉淀与升华，是一种永恒的民族精神，是人类社会发展的一种极为珍贵的精神财富。通过合理的国家精神来培养和教育当代大学生，可以激发他们的民族自豪感，增强民族凝聚力，从而在当代大学生身上积极传承、大力弘扬和提高中华民族的伟大精神。

2. **大力提倡科学人文精神**

要坚持科学精神与人文精神之间的合理张力，实现大学校园的科学与人文精神的和谐发展。当前，高校人文教育存在着过多的“不在场”现象，应大力倡导和提高大学的人文精神，积极地重塑当代人文精神，这是高等教育的理性选择，也是所有大学生必须自觉的选择。

3. **培养高效的个人主义精神**

高校应以“学术自由，文化创新，真理至上”为自觉追求，立足于自身的特点与现实，构建具有鲜明特色的大学校园精神，展示独特的教育风采和魅力，达到本真的自我实现。对当前高校精神品质状况的思考，高校对学生最迫切的要求就是实事求是、与时俱进、求真务实，应积极倡导学生的批判主义精神和创新发展精神，把“求实求是”精神和“求善求美”精神融为一体。

### （六）确立高校管理模式的新理念

目前高校的一种普遍趋势就是对大学生开展“服务”而不是“管理”。在新的时代背景下，高校必须重视“服务于大学生、以学生为中心”的高等教育思想，深入开展以实效为导向的服务必然会受到大学生的欢迎，但简单地把服务与教育、服务与管理等同起来，是一种片面的认识，甚至是危险的教育倾向；其结果很可能导致放弃高等教育应尽的法律责任和教育责任，偏离或迷失高等教育科学发展的正确方向。问题的关键是，我们应当怎样认识高校管理的内涵，即我们究竟要做些什么，要做多强的管理，以及怎样做好高校的管理工作。

当前高校教育管理要做到“管而不僵、活而不乱、统而不死”，其重点在于以下几个方面：

1. “富有条理”，重视教育管理目标和规划，要循序渐进、因材施教、分级处理、忙碌不杂乱无章，提高管理工作的紧迫性；

2. “依据法理”，加强教育工作者依法管理、按章办事，提高管理工作的规范化；

3. “讲清道理”，把科学和思想有机统一起来，让教育需求“深入耳朵里”，提高管理工作的教育性；

4. “注重情理”，要能站在学生立场，把自己放在学生的位置上，培养学生正确的同情心，提高管理工作的感染力；

5. “善于清理”，力求为大学生们解决现实问题和难题，防患于未然，因势而行，合理化地进行有效疏导，及时化解各类矛盾和冲突，提高管理工作的自主权；

6. “引导自理”，要充分调动学生主观能动性和创造力，让学生“自我管理、自我教育、自我服务”，提高管理工作的互动性。大学的教育行政应使其具有现代化的人格特质，有利于其“明事理、强生理、促心理”。

# 第二章　教师心理与学生心理

## 第一节　教师的职业角色心理与专业发展

### 一、教师的角色定位

#### （一）教师的现代角色观念

随着时代的发展，教育的变迁，对教师的要求也越来越高。

**1. 角色和期望**

角色是一种心理上的概念，它是一个人在一个社会团体中所具有的特殊的身份以及与之相关的行为方式。教师是一种社会角色，它代表了社会对其具有的地位与责任。因此，教师的职业行为取决于其所扮演的社会角色，其最直接的体现就是“教书育人”。

**2. 教师的作用预期**

作为一个社会角色，教师的职业特点决定了社会对其所抱有的期望，而与之相适应的个人行为则会得到社会的认同。当今，随着科学技术的发展，社会日益发展进步，教育在各个领域都发生了翻天覆地的变化，这也给教师的角色期望增加了新的内涵。

（1）学习的引导者和促进者

学生的学习是一种积极的知识构建过程，而教师应该扮演着引导和促进学生学习的角色。一方面，教师要使学生在获取科学知识的同时，积极地培养学生的综合素质；另一方面，要充分利用心理学、教育学的知识和原则，激发他们的学习兴趣，使教学成为一种双向的、互动的、充满乐趣的活动。

（2）示范榜样

教师是学生的楷模，特别是在孩子的成长阶段，更是如此。另外，学生对教师有着一种特别的信任，他们将自己所敬重和喜爱的教师作为榜样，有些人将这种现象称作“向师性”，并将其看作是一种心理特点。教师要做好学生的模范，就要经常对自己的思想品德、行为、处事态度进行反省，自觉树立模范作用，做到以身作则。

（3）班级管理者

教师是班集体的管理者，肩负着领导班级活动的重任。首先，要从管理上创造一个有利于学生的学习氛围，培养他们的自律意识。其次，要在班级管理中营造一个良好的集体氛围，形成一个和谐的人际关系。最后，要以行政手段构建民主的师生关系，以实现教师与学生之间的互动。

（4）精神捍卫者

学生处在一个关键时期，很多学生在生理和心理上存在着一定的问题。如果不能及时地解决，轻则影响学业，重则造成精神方面的问题，对其身心健康造成极大的影响。所以，培养大学生的良好个性是当代教师的首要任务。教师要具备基本的心理知识与技能，以预防各类心理问题的发生，并在学生遇到心理问题时及时提供帮助。

（5）与学生一起成长的伙伴

现代教师应从“权威”向“平等”的“伙伴”转变，树立“平等”“民主”的理念，尊重学生，注重学生的独立个性，注重问题意识和思维品质的培养。以诚恳、谦虚的态度倾听学生的意见和建议，能够了解和认可学生的观点。

（6）教学专研者

当代教师要从“教书匠”走向“研究者”，要以研究者的视角来审视学生的发展，用研究者的能力来探讨和解决特定的教育问题。教师应具备探究教育问题的自觉意识，注重搜集材料；同时具备一定的教学研究能力，并注意在教学实践中应用所学知识。

## （二）构建教师的专业角色

教师的职业角色构建是一个持续发展的过程。从初学者到熟练的教师，其生涯角色的形成大致可以分为三个阶段。

### 1. 对教师的认识

角色认知是指角色扮演者对人物的行为准则的理解，并能分辨出哪些行为是恰当的，哪些是不恰当的。角色认识是角色扮演的前提，一个人是否能够成功地扮演某个角色，首先要看他对角色的认识。通过学习、观察、职业训练、社会交往等方式，教师认识到自己的职责和责任，并区别于社会中的其他职业角色。一般而言，初学者型教师在教学1~2年后，可以对教师的角色进行比较全面的认识。

#### 2. 教师角色认同

教师角色认同是个人对自身的经验和自身行为进行调控和测量的一种社会责任。对教师的角色定位，既体现在对其社会责任的认知上，也体现在对其进行情感体验和对教育工作的正面态度。只有在教师的行为与角色需求相适应并获得正面的评价时，教师才能在教学实践中获得正面的情绪体验，从而加强这种情感体验。从初学者向熟练的教师转变，可以感受到对教师角色的认同感。

#### 3. 教师的信念

教师角色信念是指教师在角色扮演过程中，把社会需求转变为个人需求，深信自己对教师职业的正确理解，并以此来指导自己的行为，培养职业自尊和自豪感。坚定地坚持下去，完成实践目的，这就是专业教师最突出的特征。

### （三）教师的权威

教师声誉是教师在社会中所扮演的角色成功发挥的成果，而声誉的建立则有助于实现教师的角色期望。“信其道”要“亲其师”，正如赫尔巴特所说：“教师必须有很大的权威，而在这个权威之外，学生们对一切观点都漠不关心。”

#### 1. 教师威信的内涵及作用

威信是一种社会心理现象，它是指个人、社会群体或社会组织对于其他人的一种影响力。教师的威信是教师的人格、能力、学识及教育艺术在学生心理上引起的信服而又崇拜的态度反映。教师威信的高低是以他们在学生心目中的地位、他们的教育活动对学生心理产生的影响来衡量的；受学生尊敬和信赖的教师才是有威信的教师。

教师威信是使教育任务顺利完成的关键因素。教师威望的功能是通过其对社会角色的期望而达到的，这一功能体现在三个方面：第一，有利于教师发挥其引导和促进作用。教师的声望是一个学生接受他的教导的先决条件。当一个学生相信一位有声望的教师的教导是真的、对的，他不但可以显示出他对知识的理解和服从，还可以使他在学习和发展他自己的优秀品质方面更有动力。第二，它有助于实现教师在班级中的领导作用。受人尊敬的教师的赞扬与批评能够激发学生的情绪感受。他们的赞扬可以激发学生积极的情绪体验，比如快乐、自豪，使他们想要更好学习；而他们的批评则会引起学生的自责、内疚等负面情绪，从而使他们有意识地去纠正自己的错误。第三，它有助于实现教师在行为准则中的示范作用。受人尊敬的教师是学生心中的楷模，学生也乐于效仿他们的行为。因此，教师的示范就能起到很好的教育效果。

2. 教师威信的影响因素

教师优秀的思想品德、渊博学识、精湛的教学技巧是获得威信的根本前提。如果你的工作、你的知识和你的业绩都很好，你就会被肯定，会获得支持。如果你的态度很好，但专业能力较差，那么无论你多么努力，也无法赢得威信。

教师的作风、仪表、习惯，是获得威信的必备条件。教师的教态、仪容、举止、表情，是精神状态的反映，而教师的仪容则是影响其心理的重要因素。运用“微格教学”的方法，通过录音、录像等手段，教师在课堂上的教态、语言、表情、仪态等方面都能得到较好的矫正。

师生之间的平等交流是教师获得威信的一个重要原则。教师的威信是在与学生进行长期的平等交流中逐渐形成的。在平等交流的过程中，一方面，学生容易产生“亲师”“近师”“信师”的心理效果；另一方面，教师主动关心、关爱、体谅学生，满足学生的了解与求知欲，使教师与学生之间的关系更加融洽，教师也能很快树立起声望。此外，在师生关系中，教师对学生的第一印象是影响教师威信的重要因素。师生初次相遇，尤其是最初的几节课，都能让学生对教师印象深刻，并产生一定的影响。所以，每位教师都要注意给学生留下一个好的第一印象。

3. 维持和发展教师威信

教师威信的确立，是一个相对稳定的过程，但并非一成不变的。因此，在教师声望建立之后，维持与发展已经形成的声望也很重要。

（1）教师要胸怀开阔，实事求是

一个好教师，并不意味着他一定是一个完美的人，没有任何的过失。教师出现这种或那种问题是不可避免的，关键是要有一颗开放的心，要勇于面对现实，勇于承认和及时改正。教师敢于承认自己的过失，不仅不会使自己的威信下降，还能使自己在学生心中的地位得到提升。

（2）教师应正确理解并合理使用其威信

教师要保持和提升自己的威信，就必须正确地理解威信，严格地区别威信与威严。否则，就会出现教师为了维护自己的威信而使用不当的威信，伤害学生的自尊，打击他们的积极性，减少他们对教师的尊敬，进而削弱他们对教师的信任，最后造成教师的威信下降。

（3）教师要勇于创新，勇于奉献

教师的责任在于对学生知识、技能的传授与培养，培养他们的创造性和个性，这就要求教师要不断地更新知识、观点，提高自己的科学文化素养，以适应时代的发展和变化，从而促进学生的健康成长。教师的积极进取、勇于献身的态度会激发学生对教师的信任，从而提升他们在学生心中的地位和声望。

（4）教师要做到言出必行，为学生树立榜样

在学生的心中，教师是一个有学问、有纪律、有文明、有礼貌、有道德的人。一个教师的言谈举止若与学生心中的“教师形象”不符，就会使其在学生心中的威信下降；反之，若与其所期望的教师形象相符合，不但能为学生树立榜样，还能增强其在学生心中的表率作用，使其获得信任和尊敬。

## 二、教师专业发展

### （一）教师专业发展的定义

#### 1．教师专业发展的内涵

教师的专业发展是教师从一个普通的教师到一个专业教师的过程，它是一个不断更新、进化、丰富教师自身的职业结构的过程。

教师的职业结构是教师的职业构成，它是对教师职业发展进程进行全面审视的一个基本维度。教师的职业构成是由教学工作的复杂性所决定的。从教育信念、专业知识、专业能力、态度与动机、自我专业发展等方面进行分析。根据专业结构，教师专业发展可表现为观念、能力、知识、态度与动机、自我专业发展需求与认识。

教师专业发展与教师专业化是两种截然不同的概念。从广义上讲，二者是相通的，都是指教师专业化进程的强化。从狭义上说，教师的专业发展是教师的个体和内在的专业化，教师专业化则是教师群体的、外在的职业发展。从教师的专业发展与其自身的专业成长而言，二者是同义词。前者强调发展的进程，后者强调发展的结果，前者的目的是通过人的努力来推动、提升或改善，而后者的意义是“成长”。

#### 2．师资队伍建设的阶段和方向

从职业准备、入职到职业退出，是教师职业理想、职业道德、职业情感、社会责任感、教育实践能力、教育经历等方面不断成熟和提高的过程。在教学实践中，教师的职业

发展主要表现为：从初学者到“熟手型”，再从熟手到专家。“熟手型”是教师职业发展的关键环节。

初学者型教师的特点是：缺乏有效的经验、不能适应教学环境的改变而灵活变动的教师。初入职场的教师是初学者。

“熟手型”是指在课堂上能很好地解决问题，但在教学中缺乏创造性的教师。教师入职3～6年就能成为熟练的教师，而熟练的教师则是昨日的初学者。

专业教师拥有丰富的专业技能，能够有效地处理各种教学问题，并具备专业的洞察力。

三个层次的教师专业发展呈现出两种趋势：从初学者到熟手，再从熟手到专家。

从初学者到熟手教师，是指在从事教学工作数年之后，逐步能够解决教学问题，掌握一定的技能，但仍不能根据自己的专业知识，对教育问题进行自觉的创新。这是所有教师都要经历的一个过程，很多教师的职业生涯都会卡在这个阶段。他们已经习惯了熟练的工作，直到退休都没有变成一名专业人士。

从初学者到熟手，再到专家，是指教师在长期的学习与日常的观察和思考中，逐步形成专家型教师的特点，成为一名教育教学专家。然而，只有少数的教师才能在教育和教学实践中成为“专家”。

## （二）教师的专业发展历程

### 1. 教师专业发展历程的含义

教师的专业发展历程是教师专业发展的一个历史进程，它是从教师自身的条件、自身的环境和学校发展的需求出发，对影响其发展的主要因素进行测量、分析和总结，从而制定适合自己的专业发展目标，并制定出相应的行动方案。教师与学校共同构成了教师专业发展的主体，教师是设计者，学校是辅导员和引导者。

教师专业发展按时间维度可分为四大类：

短期发展，是指2年以内的发展计划，主要是制定近期的发展目标和计划近期要做的工作。如年度计划、月计划、日计划等。主要内容有：1～2年的时间，熟悉社团的规章制度，融入团体，从他人身上学到东西，和他人建立良好的关系。

中期发展，是指3～5年的发展计划，包括要完成的各项工作，参加各种活动的熟练程度，职位和级别的提升等。

长远发展，是指未来6～10年的发展计划。比如在这方面做“专家”，争取更高的职位、级别等。

人生发展，是指一生的发展计划，约40年。这是一个很大的人生目标，也是一个很长的规划。

### 2. 影响教师专业发展的因素

教师的专业发展受个人因素和环境因素的影响，个人因素占主导地位。

（1）个人因素

个人因素是影响教师职业发展的主要因素，如：生命发展阶段、个性特征、社会化水平和需求。在各个发展阶段，教师能否完成心理任务，直接关系到教师对教育教学的热情和投入。“亲和”“关心他人”“乐群”“宽容”是“熟手”与“专家”的共同特征，而“专家”的个性特征是“善于控制、调整”。教师的社会化程度与其职业目标、教育理想、教育风格等息息相关，对能否为其职业发展提供环境支撑起到一定的作用。教师的需求更是其专业发展的推动力，需求的高低直接影响到其专业发展的程度。

（2）环境因素

社会、学校、家庭等因素是影响教师职业发展的重要因素。社会、政治、经济、文化等方面的因素都会直接或间接地影响着教师的职业生涯。影响教师职业发展的因素还有：夫妻关系、亲子关系的品质、家庭突发事件等。

### 3. 师资专业发展的各个阶段

教师的专业发展是有其自身特点的，其专业发展的任务也各不相同。美国费斯勒提出，教师的职业生涯周期是由教师与其自身成长过程中的环境因素交互作用而产生的。因此，他将教师职业发展分为八个阶段。

（1）预备期

职业预备期是指个人在师范院校或院校的初级教育阶段，也是教师在从事新职务或工作后的再培训阶段。

（2）进入工作阶段

入职期是教师开始工作后的第一个年头。

（3）能力的发展阶段

这一阶段的重点是培养教学技能与能力。

（4）热心与发展阶段

这一阶段的中心要素是对工作的热情和对工作的高度满意。

（5）事业挫折期

其典型特点为教师在教学中遇到挫折、产生厌倦、工作满意度降低。

（6）稳态与停滞期

典型的特点是教师只负责自己的工作，而不是积极地追求卓越和发展。

（7）职业低潮期

这一阶段主要是做好脱离教学工作的准备。

（8）职业退休期

职业退休期是教师离开工作岗位后的一段时间。

#### 4. 制定教师专业发展培养计划

（1）优秀专业发展生涯规划的特征

①可行的，计划必须有根据，而不是空中楼阁。

②适时的，在计划中，所有重要的活动都要在一定时间范围内进行适当的安排。

③适应的，计划要灵活多变，以适应各种不确定的情况。

④持续的，在生命发展的每个阶段，都要有计划，并不断地更新计划，以达到专业发展的目的。

（2）教师专业发展计划的制定与实施

①自我评估，客观地认识自己。

②环境评估，客观认识学校人事政策、评价体系、领导态度、同事关系等。

③确定一个目标，对自己的职业发展确定一种心理倾向。

④定位方向，也就是自己的终极职业理想。

⑤执行战略，为实现该计划所采取的措施。例如，开始、结束、执行的环境、约束等。

### （三）教师专业发展路径

要推动教师的专业发展，必须从客观的环境和个人的角度出发。

#### 1. 专家型教师的课堂观摩与分析

通过观察和分析专家型教师，可以对新、老教师进行教学能力的培养与提升。观摩的方式有现场观摩和视频观摩。在观看后，教师们通过组织讨论与评课，充分了解和掌握“专家”教师解决问题、监督课堂的能力。

#### 2. 运用各种培训技术提升教师的教学监督能力

要想培养出一位“专业”的教师，必须要提升“教学督导”的水平。教师的教学监测能力主要有：规划准备能力、反馈评价能力、控制调节能力、反思能力和纠正能力。而培养反思性教学能力是成为专家的关键。

教学反省是指在教学反思倾向的支撑下，积极地、持续地、周密地、深入地、自我调适地思考已发生的或正在进行的教育活动及其背后的理论和假设。教学反省是一种独特的思考方式，是一种能动的、审慎的认知过程，同时又与情绪、认知紧密联系、互动。

提高教学反思性的途径主要有两种：一种是从外在环境中进行的，一种是以教师为本的。前者注重引导和控制反思过程，后者注重教师的主体性，将反思与日常教学相结合。

#### 3. 抓住两个关键点：从初学者到熟手，从熟手到专家

从初学者到熟手，教师对课堂上教学技巧的掌握是一个关键的变数，而影响这种变化的主要心理因素是确立工作目标导向的一个重要因素。所以，应引导初学者关注教育教学的内在价值，建立以学生为本的教学观，使初学者尽早掌握课堂教学的程序知识，并逐渐形成随和乐观、有责任感、耐心、宽容等良好的人格品质。

高水平的课后评估和反思能力的获得是从熟手型教师转化为专家型教师的关键变量，影响这一变量的重要心理因素是自我调节情绪的能力、对教师职业高水平的承诺和规范、具有强烈的职业成就感。因此，要重视提高熟手型教师服从教育需要、理智调控自己情绪的能力，加深他们对教师职业的情感认同，使之不断获得成功的体验。

## 第二节 教师的领导行为

### 一、教师的领导风格与课堂的心理氛围

#### （一）教师的领导风格

美国心理学家勒温和他的同事们对领导风格的试验报道出版以后，美国的教育心理学家就以这一原理为指导，对学校的教学活动进行了大量的试验。教师的领导力与班级的心理氛围有很大的关系，它直接影响学生的学业和品质道德。

根据不同的标准，可以对教师的领导风格进行分类。教师的课堂领导，依据其与群体的关系可分为正面与负面两种。正面的领导风格者也称为支持型领导。教师与群体的关系主要是通过奖赏和创造愉悦的课堂心理氛围来实现。教师应注重关注、支持和帮助学生，强调正面引导，培养学生的情感体验。负面领导风格者也被称为批评式领导，教师通过威

胁、惩罚等手段来接近群体。这种方法应注意监督、检查和批评。教师在课堂上运用负面的领导风格，经常会招致学生的不满，而学生们则会联合起来对抗教师，从而削弱学校的权威。

根据教师对其任务与职能的认识和判断，可以把教师的领导分为任务中心型和集体中心型。任务中心型的教师，相信学校是一个固定的机构，工作方式是照章办事，以任务为中心，只关心课程及工作任务的完成，不关心人，不重视人际关系。集体中心型的教师，相信学校是为学生的利益服务而存在的，工作方式是努力建立高效率的班集体或学习小组，以人为中心，重视人际关系，忽视工作。当然，最好的领导风格是既重视工作，又关心学生。

根据教师对权力的使用方式，还可以把教师的领导风格分为放任型、专断型、民主型。下面将重点分析这三种领导风格：

#### 1. 放任型

教师对学生的态度是放纵的，给予他们足够的自由，让他们做自己想做的事情。教师的典型表现是：因为工作能力较弱，对学生的要求不高，与学生交往时缺乏自信，或认为学生喜欢做什么就做什么；他既不鼓励，也不反对，不参与，不帮忙；“心肠太软”，不管学生的言行，一切都由学生自行完成，自己不负责。所以，在这样的领导方式下，学生的情绪很低落，不但道德水准低下，学业表现也很糟糕。大家对自己的学业和道德的要求都不清楚，没有人知道自己该做些什么。

虽然这样的领导方法给予了学生很大的自由，但是由于缺少必要的管理，很难达到有效的教学效果。当然，也要给学生一定的自由，因为教育是师生的双向活动，不可能总是由教师进行严格控制和操纵。特别是现在，学生的自由时间相对较少，家庭作业很多，这对他们的发展不利。我们不能将允许学生自由活动视为“放纵”“舍弃”的教育，没有教师的引导和协助，难以解决很多问题。

#### 2. 专断型

教师的独裁风格的典型特点是：对学生严格监督，所有的命令都要这些学生无条件服从，很少表扬；教师完全负责规划教学的进程、教学环境、教学方法和教学活动，不让学生发表意见。他们认为，如果没有教师的监督，学生就无法自主地学习。因此，他们采取了三种方法：体罚、罚劳动、罚作业等；不会耐心地劝说、教育，而是指责、辱骂；向父母投诉，要求家长给孩子施压。这样的领导方法既不能满足学生的合理需求，也不能达到预期的教学目标，还会让学生从一开始就产生反感。这样的领导风格的后果：推诿责任是很普遍的；学生容易生气，不愿意配合，容易养成阳奉阴违、说谎等坏毛病，甚至会在背后“捅刀子”。学生缺乏创造力，缺少个性发展，一旦离开教室，他们的学习就会出现明显的松懈。

#### 3. 民主型

教师充分理解学生、尊重学生、相信学生，但又严格要求学生。教师以民主的方式进行教学，重视学生集体作用的发挥，与学生共同设立教学目标、制定学习计划。在不损害集体的情况下，教师很乐意给个别学生以指导和帮助，帮助学生确立目标，指导学生按照目标进行学习，帮助学生获得良好的学习效果；根据学生的具体情况给予客观的表扬与批评；师生之间、学生之间经常讨论，相互合作，教师不会将自己的意志强加给学生，尽可能地鼓励集体活动。因此，学生喜欢学习，喜欢同别人特别是教师一起学习。学生的学习具有高度的自觉性、独立性和积极性，学习效率很高，情绪活跃。即使教师不在课堂，问题行为也很少。

### （二）教师的领导风格和课堂的心理氛围

课堂的心理氛围是教师在课堂上情感的综合表达，在不同班级群体有不同感受特点。一般认为，情感状态是指在课堂环境的影响下基于学生的需求而产生的情感状态。

课堂的心理氛围是影响学生学习动机、行为、情感体验和评估作用的重要因素。在不同的学习氛围下，学习动机、兴趣、情感体验、注意力等各方面都存在着差别，学习过程中的学习行为也会产生不同的效果。大量的教学实践证明，良好的课堂心理氛围不仅能激发学生的精神活力，还能让他们的思维活动达到最佳状态，能让他们获得愉快、成功的体验，从而陶冶情操，保持积极的学习态度。即便是同一班级，教师之间也会有“气氛区”。比如，一个教师在教室里焦急地走动，课堂气氛紧张；而另外一个教师上课的时候，教室里的氛围很好，学生思维也很活跃。

一种良好的、积极的、和谐的课堂心理氛围的形成受到多种因素的影响，而影响这种氛围的主要因素就是教师的领导风格。不同的教师会在课堂上营造不同的心理氛围。由于教师的领导风格有差异，导致了不同的课堂心理氛围，从而影响到学生的心理与行为。

在教学环境下，教师的领导风格对学生的学习起着决定性的作用。因此，在课堂上的心理氛围也会呈现出不同的特点。勒温·怀特于 1939 年对领导风格进行了探讨。该研究以 30 位 11 岁男童为研究对象，将其分成三组。团队的领导者是大学生，他们分别采取民主型、专断型和放任型的领导风格进行轮组试验。根据预先设定的条件，大学生将会在三组中轮流执行三种不同的领导风格。

实验的结果表明，小组成员的行为明显地受到教师领导风格的影响。“专断组”尽管完成了工作任务，但工作质量不如“民主组”。专断型领导风格使组员容易产生挫折感，并对领导表示一定程度的反感，组员之间缺乏合作，没有责任感。他们对领导人有很大依赖性，缺少独创性。领导在场，纪律较好，活动性较强；领导不在场，纪律涣散，工作效率明显下降，而且出现了攻击行为和冷漠行为，甚至破坏财物。民主组成员心情舒畅，在活动中表现出极大的兴趣和主动精神，关心集体，善于与同伴合作，纪律较好，能按时完成工作任务，工作效率较高，而且质量也很好。尤其是领导不在场时，与其他两组相比更为突出。“放任组”的成员之间及领导人与组员之间态度冷漠，互不关心，纪律松弛，小组气氛表现出无组织、无纪律、无目的的特点，小组成员的情绪不稳定，活动是消极、被动的，没有责任感，在集体内产生较多的攻击行为，工作效率极低。

研究发现，团队成员的领导风格对其行为有显著的影响。虽然专断小组已经完成了他们的工作，但是他们的工作品质却比民主小组低。专断型的领导风格会导致团队成员出现挫败感，对上级表现出一定的抵触情绪，团队成员缺少协作精神，缺乏责任心。他们过于依赖领导，缺乏创意。领导在场时，纪律性好，积极性高；领导不在场时，纪律松懈，工作效率显著降低，甚至有毁坏财物等行为。民主组的团员们情绪愉快，积极进取，对团体感兴趣，擅长与同事协作，有良好的纪律性，能准时完成工作，工作效率高。特别是在没有领导的情况下，他们的表现比另外两个小组要好得多。放任组领导者与成员的关系冷淡，团队无组织、无纪律，工作效能低下。

勒温和他的同事们的开拓性工作引起了很多关于领导风格如何影响学生的研究。穆斯于 1978 年的一项研究进一步表明，在高旷课率的班级中，教师的管理十分严格，行为准则清晰而具体，教师不友善，班集体竞争氛围很强；由此可以看出，教师的领导风格对学生群体的生命和成绩有很大的影响。在工作效率、集体道德与教师的亲和力等方面，民主型的教师都优于其他类型的教师。由于领导方法是民主的，大家都是以平等的态度发言，听取意见，赞同、反驳或悦纳，这不但有利于培养学生的综合素质，还有利于培养他们的品质道德。而那些偏爱独裁的教师，会抑制学生的自主力和创造力，使他们在学习上表现得很正式，行为上也墨守成规。

我国的心理学专家们相信：“班级的心理氛围是一种团体的情感状态。它决定了课堂教学是否能顺利进行。”同时，教师和学生在课堂上的注意、情感、意志、定势、思考等不同的状态，可以将课堂中的心理氛围划分为积极、消极、对立三大类。

教师的三种领导风格对学生产生了正面和负面的影响。其实，这三种领导方法在教学中的应用，都要根据学生的发展水平来进行。一般而言，初中生的教师要更多地指导，要统筹、安排、引导，但不能采取独断专行的方法。随着年龄的增长，知识的积累，在进入高中乃至大学的过程中，教师采用民主的领导方法是最好的，但也不能任由其发展。

## 二、教师领导力影响因素分析

教师领导力的有效性受多种因素的影响。

### （一）教师威信

教师的威信是指教师有一种让学生觉得有尊严、有信心的心灵感召。“威信”和“威严”不同，前者让人亲近，后者让人远离。因此，让学生觉得有压迫力的教师，就不能被视为有权威的教师。

教师的威信成为对学生产生积极影响的一个重要因素，也是实现教育教学工作的一股推动力。教师的威信越高，其对学生的心理影响越大，工作就越能顺利进行。总之，教师的威信是学生接受教育的基础与先决条件，是对学生产生积极影响、促进教学工作的动力。教师的所有教育与教学手段，常常受到其权威的制约。一个有威信的教师，可以得到学生的尊重和喜爱，而学生也会乐于接受他的教导。

教师的威信在教学工作中扮演了重要角色，其原因有三个。第一，让学生相信有权威的教师所提供的指引是正确的，并且主动地接受，迅速地将教师的需求转变成自己的需求，从而产生相应的正面行动。第二，受到尊敬的教师的赞扬和批评能够激发学生的情绪。受尊敬的教师的赞扬能激发学生的喜悦和骄傲，鼓励他们努力提高自己，甚至不被教师夸奖的人也会去争取，哪怕是很小的一句表扬都能让学生产生深刻的印象。没有权威的教师，即便是赞扬，也不能激发学生的积极性。第三，有威信的教师是学生的榜样，从而可以发挥出更大的教育效果。

每一位教师都想在自己的学生心中树立一个很好的形象。但是，教师威信的形成是由多种因素所决定的。教师的社会地位、教育行政机关和学校领导对教师的态度等都对其产生了一定的影响，而教师的个人状况则是其形成的关键。

第一，思想品德高尚、心理素质优良，是教师赢得威信的基础。教师的思想素质主要体现在：对教学工作有一种强烈的自豪感、荣誉感和使命感，为下一代努力工作；严格要求自己，宽容他人，不求功名，不博取威望。言行一致、以身作则也是一种很重要的思想素质。如此，才能让学生心服口服，树立威望。教师优秀的精神素质主要体现在：热爱学生、关心学生、有良好的思想品德、工作认真、一丝不苟、刚毅果敢、正直、诚实、好学、用功、学识渊博、精通教学技术。这样，才能更好地赢得学生的信任。

第二，教师的形象、生活作风、行为习惯对教师的威信产生重要的影响。教师的仪表是教师自身的精神状态的一种表现，也是影响学生心理的重要因素。教师衣着简朴，仪容端庄，态度沉静，既能让学生尊敬和亲近，又能直接影响到学生的行为举止。无论教师是严肃、活跃、端庄，还是谦逊、言辞优雅，都会对其威信产生重要的影响。

第三，学生对教师的第一印象是影响教师威信的重要因素。师生初次相见，学生们对教师的期待和新鲜感都很高。在这种情况下，学生对教师的一言一行都格外敏感。因此，对教师的偏见和态度常常是影响教师威信的一个重要因素。第一个良好的印象，可以迅速赢得学生的尊重和喜爱，为建立自己的威信奠定基础；如果给人留下坏的第一印象，会影响教师的威信。所以，教师要注重与学生的初次接触，要从一开始就在学生心中树立一个良好的印象，从而在学生心中建立一种初步信任。

“自然威信”的珍视，可以促进“自觉威信”的形成。教师通常对学生有一种天然的威信，这种威信是在师生关系的最初阶段，由学生们自发地对教师的信赖和尊重而形成的。如此一来，教师的威望就会变得不稳定，一旦被人利用，必然会让学生们产生不满。因此，教师不能仅仅满足于“自然”的威信，而是要在“自然”的基础上，通过自己的努力来树立自己的“自觉”威信。

教师的威信建立在与学生的长期互动中，很大程度上依赖于教师自身的情况。然而，对于不同年龄、不同发展水平的学生，教师的主观条件并不是起着相同的作用。调查显示，刚进入学校的孩子们都觉得教师们很聪明。他们视教师为最高的、绝对的权威。直到八九岁的时候，他们才会对教师抱有批评的态度，并有选择性地对待他们。小学生喜欢亲切、温柔、热情的教师；中学生喜欢教学态度端正、教学效果良好、是非分明、要求严格的教师；而大学生认为，有声望的教师是道德高尚的专家、学者，即使他们的外表和性格上有一些缺点，也不会影响到他们的威信。

教师的权威在建立起来的时候，就会保持相对稳定，但也不会一成不变。它可以持续发展，也可以逐步衰退，甚至彻底消失。如对工作不热心、不公平的表扬和批评、不注重自我修养等，都会削弱教师的威信。保持和发展教师威信就是要在思想品德、精神素质、专业技能等方面都保持良好的发展状态。其次，教师要时时刻刻认清自己的教师身份，无论在课堂上，还是课后，无论是在学校，还是在家里，都要牢记自己是一名教师。只有时时刻刻都约束自己，才不会做出违背教师身份的事情。我们应该清楚，如果一个教师失去了他的威信，再想重新建立，万分困难。

### （二）教师教育能力

在教学活动中，教师要想使教育教学富有成效，关键在于教师自身的教育水平。教育能力涵盖的领域非常广泛。

### 1. 教育才能

在教学中，教师要对其所教授课程的内容进行全面、深入的理解。按照课程大纲的要求，深入学习课本，理解教材结构体系、重点和难点，理解概念、定义和规则的规律性体系。然后，根据学生的年龄、心理发展的特点，吃透教材，使其系统化，通俗易懂。

在教学中，要保证教学任务的顺利进行，教师就要采取灵活多变的教学方式。比如，要对教学内容进行细致的剖析，要合理地安排教学计划，要善于针对具体的情况对自己和学生的行为进行计划，使教学工作有条不紊地进行。

### 2. 语言表达的能力

教学效果的好坏与教师的语言表达有直接关系。古今中外的教育者都相信，一个好的教师必须具备清晰而令人信服的语言表达力。教师使用准确、简练、通俗易懂、形象生动、富有感染力的语言，使学生易于理解、易于接受。教师的语言表达能力可以激发学生的求知欲，激发他们的学习热情，培养他们的学习情感，并对他们的语言发展有很大的影响。

教师的语言应当具备以下几个特点：一是教育性。以富有教育性的语言，把思想教育融入知识教学之中；二是启发性。应当善于用语言解惑、设疑、激疑，以激发学生积极思考；三是针对性。言简意赅，应当生动活泼、感情洋溢、抑扬顿挫、有声有色、富于感染力；四是科学性。谈话中肯，一针见血。与之相伴的还有其他的表现形式，如眼神、手势等，也就是教师还要具备非语言的表达能力。

### 3. 注意力分配的能力

对教师来说，一心多用是一种能力。在教室里，教师要面对几十位学生，要讲、写、教、导，同时要时刻关注学生的听课情况、应付各种突发事件、排除干扰、保持课堂纪律，这就要求教师具有很强的注意力分配能力。教师不仅要关注授课内容，还要关注学生，适时调整自己的语言、举止和表情，以适应特定的教学环境。教师们的注意力分配能力不强，常常会顾此失彼，要么是讲得乱七八糟，要么就是不顾课堂纪律。所以，教师要注重自身的素质建设。

### 4. 教育的观察能力

教育的观察力是教师最基本的技能，也是教师搞好教育教学工作不可缺少的一种素质。拥有良好的教育观察力是因材施教的基础，是发掘和培养学生观察技能的先决条件。教师具备敏锐的观察力，能够迅速、全面、准确地根据学生外在的细微变化，深入了解学生的心理，把握关键，并采取针对性的教学措施。在课堂中，教师可以根据学生的表情、姿势和问题来调整自己的教学。在课后，教师可以从学生的各种活动中，了解学生的兴趣、能力和个性，采取有针对性的教学方法，及时地发现学生的不良行为并进行教育，防止其再次发生。

乌申斯基认为，要对学生进行全方位的教学，就需要对学生进行全方位的认识。而要对学生进行全面的认识，则要依靠自己的亲身体验，才能得到第一手的信息。教师的教学观察能力应该具备三大特征：一是细致入微。善于从不易察觉的线索中发掘出学生内心的秘密。二是要快，要准。能在一刹那间捕捉到学生的面部表情和动作的微小变化，快速把握住他们的性格特征，对他们的心理活动做出正确的判断。三是要综合、客观。教师要善于运用多种情况，从多个角度去观察、理解学生，客观地评价学生。

#### 5. 创新能力

教师的创新能力在做好教育教学工作中起着至关重要的作用。教师的创新能力表现为：一是永不知足。常常有一种对自己的工作业绩不满意的感觉，总是在不断地追求，在工作中精益求精。二是要对别人的经历进行适当的分析和处理。重视学习他人的经验，不是机械地复制，而是根据新的具体情况进行创新应用。三是要学会用科学方法来培养学生。如自觉地运用心理学和教育学的基本原理。因此，每个教师都应该是勇于创新的先锋。

#### 6. 教育智慧

教师的教育智慧是指能够对学生的行为有敏锐的洞察力，能够对学生的新的，尤其是偶发性的情况做出快速的反应和正确的行动。在教育教学活动中，教师经常会遇到一些难以预料、必须加以特殊对待的问题。比如，学生们的一些淘气的行为。如果教师不善于应对，那么可能会对学生产生不好的影响。

教师的教育智慧主要体现在：无论在何种环境下，都能遵循教育规律，并能按照教育政策对学生进行有效教育。具备教育智慧的教师应该：一是善于根据情况进行引导。从学生的需求出发，从实际出发，循序渐进，将负面的影响转化为正面的影响，使其发挥优势。二是灵活多变。在教学环境中，教师对经常会出现的突发事件能快速判断形势，判断其行为方向，并采取果断、有效的应对措施。三是要做到“对症下药”。教师能认清形势和成因，采用灵活多样的教学方法，有针对性地进行教育。四是要把握好教育的尺度。重视教育的科学性，对学生的态度温和而严厉，民主而严格，实事求是，理智，言谈举止得体，对学生进行适当的教育。

教师的教育智慧取决于很多因素，例如：高度的责任心，对学生的关爱、尊重，公正、冷静、沉着。它与教师自身的诸多优良品质相关联，是教师多方面综合素质的体现。

## （三）教师的情感

### 1. 教师的爱

教师特有的情感，体现在对教学事业的热爱、对学生的爱、对所教科目的热爱和对教师的道德意识。在这些方面，对学生的爱是最重要的。爱是师生心灵的纽带，是教学工作的重要工具。在教育教学中，只有教师的关爱，才能滋润学生的心灵，让他们愿意接受教育。

教师对学生的爱，应当包括：一是对学生的深刻理解。教师应从学生的观点认识问题，思考问题，做学生的知己；要善于利用一切有利于学生身体和精神发展的方式，从生活、学习、思想等各个层面对学生进行关怀，把全部的知识和才干奉献给学生。二是充分尊重和信任学生。尊重学生，就是要提倡民主，允许学生自由发挥；信任学生，就是要相信他们有做“好学生”的欲望，要有对美好事物的渴望；三是对学生严格要求。不迁就，不放纵，教师的爱心应有利于学生全面发展和健康成长。

教师对学生的关爱有别于家长对子女的关爱。在教育教学过程中，教师的爱要面向所有的学生，应一视同仁。教师要用爱来激发好的学生，也要用爱来改变落后的学生，因为落后的学生需要更多的关爱。教师要关爱落后的学生，让他们感到温暖；任何对学生人格的侮辱、挖苦、歧视等行为，都与教师的职业道德格格不入。教师对学生的爱，既是对教师人格的一种自我表达，又是一种不可替代的教育力量。

### 2. 教师的期望

教师根据学生的不同性格，对其进行分析，并提出不同的要求，这就是教师的期望。教师的期望与学生的情绪密切相关。

美国心理学家罗森塔尔与雅各布森于 1968 年进行了一项有名的心理学试验，以探讨教师对学生学业表现的期望。他们组织从一年级到六年级、每个年级都有三个班级的学生，参加了一次叫作“潜能测试”的考试。接着，他们在每个班级中随机抽取 20% 的学生，并特意告知他们将来会有很大的进步机会。八个月之后，研究人员再次对他们进行了测试，发现他们在学业上的进步要比其他人更快。换句话说，罗森塔尔等人以其“权威的谎言”来诱导教师们对他们产生期望和偏好情绪，从而达到了预期效果。罗森塔尔引用了希腊的一个隐喻，将教师期望的自我实现的预言效果称为皮格马利翁效应。

虽然很多学者对此结论有许多不一致的看法，但是大部分的心理学家相信，教师们所期望的“自我实现”效果的确是存在的。在教学实践中，教师往往会把自己的期望传达到学生身上，让他们变得自尊、自信、自爱、自强，激发出一种积极的热情，这种热情往往能达到教师的期望。反之，如果教师不喜欢某个学生，对他期望不高，那么过了一段时间，这位学生就会感觉到教师“偏心”。教师的期望会引起学生之间的互动，从而达到预期的结果。

在学校里，每位学生都期望教师公正。如果教师对学生没有一个正确的评价，存在偏见，可能会使他们自暴自弃，成绩不断下降，形成恶性循环。皮格马利翁效应表明，教师的情感态度具有很强的教育作用，其具有很强的感染力和驱动力，不仅能激发学生的热情，还能促进学生的智力、情感和人格的发展。所以，教师要关注每位学生，给予合理的期望，给予公平的支持与激励，让每一位学生都能成为一名优秀的人才。

### （四）教师的人格

俄罗斯教育家乌申斯基曾说过，教育要以教育者的人格为基础。因此，教育只有从源头才能显现。任何机构，不管有多么精巧的构思，都无法取代教育中教育工作者的人格。

人格是指个体与他人相比体现出来的比较稳定的心理特征。有良好人格的教师，兴趣广泛，性格开朗，胸襟开阔，言行一致，乐观、活泼，善于控制自己的情绪。这样的教师通常很有人缘，经常被学生所尊重和喜爱。人格不良的教师，认知和行为不一致，言行不一致，行为动机不明，处事不冷静，易冲动。这种教师和学生之间的关系不融洽，不能很好地融入环境，很难做好教学工作。

自我认识、自我评价、自我控制三大要素构成了人格的自我调节系统。通过观察和体验，教师可以建立起对自己的正确认知。以自我了解为基础，加强对自身的监控，增强对自身的控制力。对于外界环境中的不良因素的刺激与影响，要将自身的情感冲动与行为限制在一个合理的限度内，并借助自我疏导，摆脱矛盾与冲突。这样，工作才能更好地完成。

当教师的知识和能力达到一定程度后，教师对教育教学工作的责任感成为做好教学工作的一个极重要的条件。教师对教育教学工作认真细致、一丝不苟，都是一种负责任的体现。教师的责任感，是一种对学生的教育力量，使其在不知不觉中被影响，从而认真负责地投入学习中，养成具有责任感的个性。

教师的职业动机是做好教学工作的根本动力，只有热爱工作、热爱学生，才能充分发挥潜能。奥苏伯尔认为，影响教师教育效果的一个重要个性特点是：教师在教育过程中对学生的智力发展承担了多少责任。所有人都认为，这是教师职业动机的一个重要方面，取决于一个教师是不是花了很大的力气，让学生的智力得到了快速的发展。

在面对学生时，教师应该积极乐观，能控制自己的情绪，不会因为喜悦而手舞足蹈，不会因为悲伤而沮丧，不会因为恐惧而不知所措，也不会因为挫折而沮丧，而是永远充满活力和对工作的热情。

品质道德是教师的一项重要特征。教师应该以诚待人，谦逊、公正、不歧视学生，注重自己的言行、尊重自己的行为，为学生树立正确的价值观。

### （五）情境因素

影响教师领导力的因素很多，其中最重要的是以下几个方面。

#### 1. 学校的组织性质

在对教师领导风格进行研究时发现，影响教师领导力的一个关键点就是组织的本质。教师的行为方式是由学校的组织模式预先确定的。在教育活动中，教师必须接受并将其转化为行动。学校对教师具有很强的影响，不但对教师的教育和教学行为产生制约作用，而且还直接影响着教师的领导风格。比如，在学校组织教学任务时，教师往往会采取一种专横的领导风格，这样可以有效地控制学生，很快达到学校的要求。如果学校希望把教育作为中心，那么教师就会采取民主化的领导风格。

#### 2. 班级规模

班级规模对教师的领导力也有一定的影响。班级规模影响成员之间的感情关系。总体上，规模越大，师生之间的情感联系就会越弱，而集体凝聚力也会越低，从而对教师的领导力产生一定的影响。

随着班集体规模的增大，个体间的差异也更显著，成员之间的争论和冲突的机会增大，使得班级的管理更加困难。

群体规模也会对班级中的交流方式产生影响。群体规模越大，彼此的交流越有限，彼此越不了解，越难建立共同准则。

#### 3. 定型的期望

教师的定型是指别人对教师在执行教学任务时的看法，它是教师交往方式和一般行为的结果。班内的学生对教师的课堂行为同样会形成定型的期望，他们期望教师以某种方式进行教学和课堂管理。这样的定型期望必然会影响课堂管理。迪克尔曼等人的研究认为，领导作风应与集体成员的期望相符，即教师必须知道学生集体对自己的看法。如果学生的期望与教师的行为不符合，那么，教师必须采取某些行动使看法协调一致。否则，学生就会产生不满。

总而言之，影响教师课堂领导的因素是多方面的。其中，教师自身的素质是教师的领导能否成功的决定性因素，因而教师加强自身修养是至关重要的。此外，教师还要考虑到一些主要的情境因素，以便调节自己的行为，对课堂进行有效的管理。

## 第三节　学生群体心理

### 一、学生群体的特征与功能

#### （一）学生群体的特征

群体是指具有相同目的、具有特定组织结构、相互影响的团体。总体上，被纳入心理学研究的团体应当具有以下几个方面：一是成员间的交往比较频繁，即在思想和情感上有较多的交往；二是有共同的目的和兴趣，因而有一种归属感，也就是集体意识。学校是一个较大的团体，学校中又有班级这类小团体。在这些团体中，每个人的地位和作用、权利和责任都是清楚的，所以才叫正规团体。与其他团体比较，课堂或班级团体的特点主要是：

1. 同一性。各教学班的学生总体上处于同一发展时期，其心理、行为特征基本一致。同一班的学生，尽管有个体差异，但总体而言，无论是生理、心理发展水平，还是已有的文化知识、受过的教育条件等，基本都是一样的。

2. 以学习为中心。教学是最根本的工作。对学习目标的认同与持续的行动，是课堂生存与发展的根本。学习氛围是课堂教学的一个重要指标，一个学生的学习情况，也会直接影响其在班级中的地位。

3. 平等的合作关系。班级里的成员是完全平等的。学生虽然在一起学习，但是没有直接的利益纠葛，彼此之间也没有太多的依赖。

4. 教师的影响更大。教师是班级的组织者和领导者，其心理要比学生成熟得多，其知识储备和个性特征对课堂产生了很大的影响。

5. 受到外界环境的严重影响。学生是教学班的一员，他们的身体和心理都处在发育和发展阶段，容易受到多种外在因素的影响。作为一个独立团体，教学班与学校的其他团体、社会有着联系。所以其他团体和社会习气都会对班级和学生的成长产生很大的影响。

### （二）学生群体的功能

学生是一个集体，每一个人都是一个整体。团体通过成员之间的相互影响来满足个人的需求，达到个人的目的，并将各个成员的力量集中起来，达到“总体大于局部”的作用，从而推动学校的发展。现在，以大学生为例，讲一下群体的作用。

#### 1. 履行社会赋予的使命

学习是学生最基本的行为，也是最核心的任务。要实现这个核心任务，教师就必须不断地对班级提出具体的学习要求，让每一个学生都能以获得好的成绩为目标，而团体也会以相应的奖励措施来鼓励他们学习。这些要素结合起来，将各成员的行为整合到集体行为中，实现集体的团结，实现社会对大学生学习的要求。

#### 2. 满足成员的精神需求

群体能够满足其成员的交往、归属、自尊、自我认同等多种心理需求。归属感及对团体做出贡献的自觉性，使得学生能够对自己的能力与品质做出正面的评估。对学生而言，感受自己是团体的一分子，认识到自己可以为团体做出贡献，得到全班学生的赞赏，这种精神上的成就感，使他们更有动力。

#### 3. 使学生有机会参加社交活动

学生团体，特别是班级团体，是一个“小社会”，是社会影响学生、学生进行社会活动的重要载体。集体生活可以培养大学生的集体主义精神，培养其在处理社会生活、协调学生关系方面的能力。通过各种形式的团体活动，学生体会到集体生活的快乐，学会团结协作，逐渐形成与社会需求相适应的行为方式。

#### 4. 社会的对比作用

学生在日常生活中，常常想要知道自己真实的态度、意见、性格、能力等，但是在很多时候，他们常常没有一个准确的评判标准，所以他们会将自己的态度、观点、性格和能力与团体中的其他人进行对比。美国的费斯汀格将此称为“社会对比”。同龄人之间的对比与互相评估，有助于学生形成正确的自我观念。脱离团体，丧失了对比的机会，学生就很难对自己进行正确的认知。

## 二、班集体及其形成

### （一）班集体的特征

集体相对于普通团体来说，其特点是：成员之间为了达成社会目的而有共同的行动方向；为了完成共同的使命，团结合作、心理相容；在交往中形成伙伴关系，共同遵守集体主义的原则。

班是学校的基础机构，是以学生的年龄和教学实践需求为基础的团体，具有正规团体的一切特征：有共同的活动目的和行为准则等。学生大部分的学习、生活和发展都受到班级的影响。与普通班集体相比，成熟班集体具有其自身的特征。首先，个体的目标和班级的目标是高度统一的。每个班级都有共同的目标，每个人都能将社会和学校的要求融入自己的个人目标中，这样才能使他们团结合作，共同进步。其次，班级拥有完善的、有效的自我管理体系。一个好的班级管理，除了要有权威之外，还要有一大批有威望的班委，以及一套灵活有效的决策机制。在某些优秀的班集体，甚至在没有教师的情况下，学习也是井然有序。如果班级里发生了对集体目标不利的事情，他们就会积极地做出相应的改变。最后，班集体具有明显的集体主义倾向。在班内，每一位学生都会维护班级的利益，珍惜班级的名誉，遵守班级纪律，甚至可以为了班级的发展而牺牲个人的利益。小组成员之间的感情融洽。班集体内部的关系和谐，不同性格的学生能够和谐相处，求同存异，真诚相待。每一位学生都感受到了被关爱、被帮助，在这个大家庭里快乐生活，并以此为荣。

### （二）班集体的形成

班集体的形成可以分为四个时期。

第一个时期是初建阶段。在班级创建的早期，学生是按照一定的规则聚集在一起的，而团体聚集的力量则是来自学校和教师。这个时期的学生常常感到孤独，想要认识他人、被他人所认识，并与身边的学生进行交流。在此阶段，学生对班级目标的理解尚不清晰，行动上的积极性也不高。班级的管理主要是靠行政手段。在这个阶段，教师要创造条件，创造交流的机会，并鼓励学生进行交流。

第二个时期是群体形成的早期阶段。这个时期也被称为“前班集体”。在此阶段，班级规范基本成型，小组的组织和活动也逐渐有序。随着彼此的交往、认识，学生的自我表达能力也越来越强，而在个人因素和自然因素的影响下，他们的层次和身份也发生了明显的变化，并产生了积极的参与者和追随者。与此同时，关于班上的一些问题和现象，也有了分歧。在教师的组织和领导下，形成了正规的班委，并使其具有多种教育职能。在这个阶段，教师要注重强化引导，善于运用各种形式的团体活动，让学生获得集体活动的体验，从而激发学生完成集体工作的积极性，促进班级成员的道德观念和行为倾向逐渐趋于一致，为形成班级核心和健康的集体舆论打下基础。

第三个时期是群体形成的中间阶段。在这个时期，学生的交流得到了进一步的发展。他们都乐于为班级的活动取得成功而努力，形成相互关心、合作的良好关系。有些学生干部和班上的优秀分子，得到了大部分学生的支持。核心成员的形成是一个关键的阶段。在教师的指导下，学生建立了自己的班级建设目标，开展了富有创意的工作。在此阶段，教师要对班内“领袖人物”给予足够的关注，并以此为契机，使其对班集体产生更积极的影响。

第四个时期是群体成长的时期。在强大的骨干领导下，班集体步入了一个新的发展阶段，逐渐形成了相互学习、关心集体、团结和谐的班级氛围。在这种情况下，班集体已经成为学校的主体，脱离了外部的监管，可以独立运作，积极地提出自己的发展目标和需求，并能适应外部的挑战，使其主动性和创造性得到了充分发挥。班级组织是民主化和集中化的，反映了大部分人的意愿，有很强的凝聚力，并且可以开展有效的活动，形成一个有竞争力的团体。学生的团结程度可以作为衡量班集体发展成熟程度的一个指标。

## 三、学生非正式群体与参照群体

### （一）学生非正式群体

非正式群体相对于正式群体来说，是指没有具体规定的，且成员的地位、角色、权利责任等为自发组成的团体。非正式群体，没有固定的组织结构，没有明确的成员结构，没有明确的权利和责任，而是由成员的共同兴趣、友谊、价值观等来维持非正式群体的存在。所以，非正式群体经常被称为同伴群体、同龄人群体、友伴群体等等。大学生非正式群体一般具有如下一种或多种特征：一是个体具有相同的心理特性。他们的性格、兴趣、生活方式都差不多。二是情绪是一个群体生存的纽带。在非正式群体中，学生群体中的成员往往具有非常紧密的联系，他们之间的自我表达水平也比较高，而且他们之间的感情也非常深厚。三是非常严格的非正式准则。尽管没有明确的规定，但是这种规范的角色有时会超越正规的准则，而且在这种规范的约束下，会员的行为具有高度的一致性。在某些非正式的规范中，会员们无原则、无条件地服从。四是领导者的威望很高。非正式群体的领袖大多是由人们自发选出的，尽管没有正式的就职典礼，但是“头儿”们有着广泛的群体基础和极强的影响力。五是具有很强的凝聚力，往往具有显著的排他性。非正式群体在形成凝聚力上要优于正规团体，因为在共同利益的基础上，这种团结更易于巩固。非正式群体的成立本身就是指他们的会员不满意他们所属的正式团体，并且因为他们的准则有时与正式群体的标准要求不符，而遭到群外人士的谴责和阻挠，因而他们很可能会有排他性。

按其职能属性可将学生非正式群体划分为四大类：第一类是主动型。这一类型的学生非正式群体活动与学校的教学目的是相符合的，其活动的内容和效果对于学生自身和他人的全面发展都具有正面的影响。比如，由学生自己组成的学习团体、爱好者协会等等。第二类是负面型。此类非正式群体的活动目的与学校的教学目的背道而驰，存在着反主流的文化倾向，团体的活动和成员之间的信息交换，会影响到学校的教学目的，也会影响到个体的学习与成长。比如，一些学习成绩差的学生，在寻找情绪依靠的时候，会给学校的教育和别人的安全造成威胁。第三类是毁灭型。它属于一种消极的非正式学生群体，只是其成员的行为超出了法定的界限，具有严重的破坏性，对学校的正常生活造成威胁，严重地危及了社会的稳定。比如一些小偷团伙、赌博团伙等。这些组织经常和某些社会上的不法分子有联系，他们的破坏行为也会波及学校之外。第四类是中性型。这些非正式学生群体的活动目的与学校的教育目的没有直接的关系，他们的角色也不能肯定说是正面的或负面的。

总体上，一些非正规学生团体的角色是正面的，而另一些非正规群体的角色是负面的，而同样的，学生非正式群体，他们的角色既有正面的，也有负面的。要正确处理各类非正规学生群体，并引导其发挥正面效应，就必须对其功能与本质进行深入的剖析。

对正在成长的学生来说，通过构建自己的社交圈，建立一个相对稳定的伙伴关系，是从依赖家庭和教师，走向独立的社会生活必然的社会化进程。因此，非正式团体对于教育教学、个人成长都具有重要的作用。大学生非正式团体的正面影响主要体现在：第一，促进学生的人格发展；一个人的心理成熟不会仅仅局限于一个正式群体之间的单纯的关系，而一个没有担当多个角色的人，他的性格也一定会有缺陷。加入或组织非正规群体是个人发展自身的一种方式，而成为非正式群体的一员，则意味着个人可以打开个性发展的新天地。第二，对培养学生社交技能有一定的帮助。社交活动要求各种复杂的技巧，如遵守规范、建立友谊、自我表现等，都不是正式群体能够充分发挥的。第三，帮助大学生获取社会支持；在班级和家庭中，学生在学习、生活中会遇到各种各样的问题，而家庭无法在信息、情感、物质等各个层面上给予他们足够的帮助，所以必须要有非正式群体作为补充。

学生非正式群体对班级、个体的负面影响也不可忽略。首先，非正式群体会让学生的行为脱离正式群体的标准。非正式群体有其自己的准则，往往与正式群体的班级规范不能很好地统一，再加上非正式群体具有强烈的情绪，很容易产生非理性的行为，从而产生不良风气。其次，非正式群体会阻碍正式群体职能的有效运作。非正式群体的成员具有较高的心理契合度和高度的凝聚力，但当他们的目标和价值与正式群体之间出现差异时，就会产生矛盾，从而影响正式群体的效率。第三，非正式群体的出现，使个人产生了角色冲突。在学生权利责任意识不明确、自我控制能力弱的状况下，他们在各自的角色定位上会出现矛盾，从而不能正确地履行其在正规群体中的职责。

由于学生非正式群体的特性与作用的复杂性，在学校管理与班级组织中应妥善处理正式群体与非正式群体之间的关系。正式群体是完成教育任务、实现教育目的的根本，非正式群体也有其必然性，适当的引导与运用，也能起到促进教育目的实现的作用。正式群体与非正式群体之间的关系若不能妥善地协调，就会阻碍教育目的的达成。首先，要加强正规群体的建设和发展。通过培养学生之间的共同兴趣，培养学生之间的深厚感情，形成良好的团队规范，从而形成凝聚力强、成员间相互认可的班集体。它是课堂管理的一个重要环节，也是提高课堂教学质量和管理水平的有效方法。其次，要对非正式群体进行适当的处理。积极的非正式群体应当得到支持和保护。可以利用成员之间深厚的感情和密切的关系，指导他们互相学习，取长补短，共同进步；利用成员相互信任和支持的特性，指导他们进行批评和自我批评，不断完善自我；利用他们的归属感强、善于社交的特点，让他们独立完成正式群体所不能胜任的工作；利用其领袖人物威信高、有号召力的特点，可以考虑吸纳他们进入班干部，发挥他们的领导才能，从而推动非正式群体的行为目标与正式群体保持一致。对那些具有消极性、破坏性性质的非正规组织，应加强教育、指导，有计划、有步骤地将其人员分化，以防止此类组织产生负面效应。

### （二）学生的参照群体

参照群体是与会员群体相关的。“会员群体”是指个人作为其正式会员的群体；“参照群体”是指个人不一定是该群体的正式会员，但他们视之为楷模，并自觉地遵守该群体的准则。在会员群体中，个人与他人有直接的联系，并与他人建立了紧密的联系。通常，个体会与一些特定的群体联系，例如家庭、班级等，而个体则是他们的官方认同。在参照群体中，个人并不必然生活在参照群体之中，但是这些群体对个人产生了深远的影响。参照群体对个人有三种不同的影响：一是以参照群体为衡量标准。比如，一个学生可以将他的学业和某个好班的成绩进行对比，以此来判断其学业水平。二是个人可能会想要成为群体的固定会员。举例来说，如果一个学生不喜欢他所在的学习群体，他可能会参加其他的群体。三是个人的行为准则是以群体的价值观念为基准的。比如，一个没有学习兴趣的学生，由于某些原因也许会接受一个好的班集体的知识观。因为时期、情境、活动目的、活动任务、行为准则等方面的不同，往往会随着环境的不同而发生变化，甚至会受到不同参照群体的影响。

社会心理学对参照群体问题进行了广泛的研究，结果表明，参照群体对人们行为方式，特别是对青少年的价值观念和行为模式会产生重要的影响。如果一个人将自己的目标、准则和价值作为自己的行动准则，那么他就会根据自己的准则来约束自己，并常常将自己的行动和群体的准则进行比较，如果不能遵守，就自己去纠正。参照群体在本质和作用上有正负两种类型。正面参照群体对个人成长有正面影响，负面参照群体会造成负面影响。美国的一项调查显示，在犯罪率高的地区，有些男童从小就模仿犯罪集团里大男孩的恶行，认为他们勇敢，是个真正的男人，最终也加入了犯罪集团。此外，在学生的心中，参照群体未必就是现实生活中的一个群体，而文学作品中的经典人物，往往也会被视为参照群体。文学作品中对角色的夸大、渲染，使得这些参照群体对青少年产生了很大的负面影响。

## 四、群体影响个体行为的机制与方式

在实际生活中，群体的出现常常会对人的心理、行为产生很大的影响。认识并正确利用群体对个体心理与行为的影响，可以使群体在教学与教育中更好地发挥其正面的作用，从而推动学生个人的发展，甚至推动整个班级的发展。

### （一）群体影响个体行为的心理机制

#### 1. 群体规范与舆论

群体的一个重要特点就是成员拥有相同的行动目的，因而在一定程度上行为必须保持一致。群体规范是达到这个一致性的关键。群体规范是群体成员普遍认同和遵守的行为规范，有正式和非正式两种。正式群体有明确的行为准则，如由教育部门规定的学生守则、各种规章制度、奖惩条例、课堂守则、活动规则等。只有遵循了这些规范，学校、班级才能顺利地完成既定的教学任务，实现教学目的。非正式群体虽无法规，但成员也会自觉地遵循某些约定俗成的行为规范，以满足成员的需要，维持非正式群体的存在。这个被普遍接受但没有被明确地定义的行为标准被称为“非正式规范”。因为非正式群体的形成基于成员的共同利益、兴趣或观点，再加上群体内部有一条顺畅而敏感的信息交流通道。因此，非正式规范有时会产生强烈的约束作用。

非正式规范的角色更为复杂。如果非正式规范符合正式规范的原则，那么，非正式规范有助于维持正式群体的稳定，并提高群体的工作效率；相反，如果非正式规范与正式规范不相适应，或者二者之间的原则发生冲突，那么，非正式规范就会产生负面影响，甚至使正式群体分裂，阻碍正式群体的正常活动。正式规范保护了正式群体的公共利益，而非正式规范仅保护个人的部分利益，因而非正式群体的个人利益有时会以牺牲集体的利益为代价。

群体规范是群体成员个人在群体活动中必须遵守的规则，广义上也包括群体价值——群体成员关于是非好坏的判断标准。主要具有以下作用：一是对成员的活动进行协调，确定成员的角色和责任，以便实现小组的目标。二是团体的总体协作是由标准共同保障的；三是通过对集体行为的指示来保持集体的自我认同。四是为各成员提供决策基础。群体规范的意义：对内，在群体传播中，群体规范的主要作用在于排除偏离性意见，将群体内的意见分歧和争论限制在一定范围之内，保证群体决策和群体活动的效率。对外，群体规范还对来自群体外的信息或宣传活动的效果产生重要的影响。群体归属意识越强，对群体的忠诚度就会越高，对与群体规范不相容的宣传就越表现出较强的抵制态度。社会群体规范的形成与功能受多种因素的影响，而舆论在其中起着举足轻重的作用。公众舆论是一个群体中的主流观点，它可以作为一种社会控制的力量来衡量和限制人们的行为，并对其产生巨大的影响。民意往往能反映出大多数人的观点，带有强烈的情感色彩，因此更容易产生明显的心理影响，在日常生活中出现的“众怒难犯”就是一个例子。舆论对人的行为起到了引导、控制的作用，但是在不同的环境中，舆论的作用却是多种多样的。这主要取决于舆论的性质、具体情境以及个人特征等。有时候，舆论起到了正面的作用，可以正确地引导人们的行动；有时候，舆论却起到了负面的作用。比如，如果事情的真相还没有被大多数人所理解，或者一些人故意煽动，那么舆论就会造成很大的负面影响。所以，在教育行政工作中，我们应该正确地引导舆论，敏锐地察觉负面舆论的产生和发展，并采取相应的措施进行控制。

2. **群体压力**

群体压力是指由群体的存在而引起的个人精神上的紧张。当个人与群体中大部分人的观点和行动不一致时，他很可能会感受到这种压力。群体压力的成因一般有二：一是信息的压力，一般人往往会把大部分人的信息看作是正确的，而不是少数人；二是趋同，个体想要和团体中的大多数人达成共识，从而避免被孤立，避免受到集体惩罚。尽管群体压力没有显著的强迫作用，但是其对人们的思维和行动有着很强的约束作用，因为在大多数时候，人们都会害怕自己被集体所孤立，被集体所排斥。群体压力可以影响和改变个人的行为取向，其效果有时会超越强制手段。尤其是大学生，他们有较强的归属感，常常害怕被排斥在群体之外，因而会因为群体的压力而改变自己的行动或放弃自己的观点。

群体压力是一柄双刃剑，一方面，群体压力可以促进群体成员遵守群体规范、自我约束、加强群体共同意愿；另一方面，在群体压力下，群体成员往往盲目服从多数观点，或者盲目服从集体的错误行为。此外，少数意见的骨干力量也不能被忽略，他们的坚定意志，主张的一致性，以及他们的立场的坚定，都会对多数人产生积极的影响。教师应正确认识群体压力的本质，充分运用群体压力对学生进行引导，在学生心理、行为上起到正面的作用。

### 3. 群体凝聚力

在20世纪50年代，著名的心理学者利文首先提出了“凝聚力”这个概念，他认为，“凝聚力”主要是指个人怎样感知自己和一个特殊团体之间的联系。个人愿意待在团体里，是因为团体可以协助个人达到自己的目的。自利文主义提出以来，很多学者从个人视角对凝聚力进行了界定。费斯廷格将凝聚力定义为“影响团体成员的多种因素所形成的合力”。这些“因素”在以后的研究中被扩展为能够满足成员生理、心理和社会需求的多种要素，例如：安全感、归属感、友谊感、成就感等。群体凝聚力是一种内部的聚集力量，它能引起不同的情感共鸣，采取相同的价值取向，并维持相同的目标和行为取向。这是一种直接的反映，即群体对其成员的吸引力的大小，或者其是否愿意待在群体中。这对于群体的行动和凝聚力起着非常关键的作用。在学校里，一个团结的群体，每个人都要遵守自己的诺言，互相合作、互相扶持，为共同的目标而奋斗；如果没有团结，就会彼此不信任、意见不同、意志消散，如一盘散沙，没有战斗力。

群体凝聚力的形成与发展是有其必然性的。从内部条件来看，高凝聚力的群体应当有合理的目标结构和激励机制，群体内部有支配成员行为的指导思想和相关的具体准则，成员之间有良好的人际关系，有民主、协助、威信高的领袖。在外部环境中，当一个群体面对来自外界的压力、威胁时，往往会有很强的凝聚力，所有的人都会齐心协力，发挥出集体的智慧和力量，走出困境，渡过难关，达到群体的目的。

在班级管理中，培养学生的团结意识是一项非常重要的工作。第一，团结能够将群体的力量集中起来，形成并发挥集体的长处，从而达到共同的集体目的。第二，团结能够增强人们的情绪交流、调节人际关系、降低摩擦、促进个人目标的实现。第三，团结能促进学生之间的相互协作，使学生对别人和集体持有尊敬，从而形成集体意识。我们在看到了集体凝聚力的正面效应的同时，也应当意识到它的消极影响。高凝聚力既能提高集体活动的有效效能，又会导致缺乏民主、忽视个性、排斥不同意见。另外，高度的凝聚力往往伴随着小型的群体和排外的观念。在教学管理过程中，教师要充分利用群体的凝聚力，并尽可能地减少其负面效应。

### 4. 群体心理气氛与士气

一个成熟的学生群体，具有良好和高昂的精神状态。心理氛围是一群人的认知态度与情绪的统称。群体的心理氛围可以是和谐、愉快、团结、合作，也可以是猜疑、不信任、懈怠、冲突。群体心理氛围是群体的一种内在特性，它会在学生的群体生活中产生一种特殊的情感色彩，并对其产生一定的影响。“士气”是指团队成员在完成一项任务时所具有的心理状态。士气高涨的群体通常会有以下特点：凝聚力强、成员之间有强烈的归属感和责任感，团结一致地维护群体的生存价值，并能清晰地指出群体的共同目标。

事实表明，在某种意义上，员工是否能够完成目标、任务，与领导的期望与作风、工作的进展和现状、遇到困难时是否乐观、友善、团结有关。一般而言，与群体中的共识和需求相适应的东西，往往能引起积极的、轻松的情绪和高昂的精神状态；而与群体的意见和需求不一致的东西，往往会使人产生消极和沮丧的情绪。群体的精神氛围和情绪，主要体现在班级的学习和课外活动上，尤其是群体间的各类比赛。在教学过程中，教师的心理氛围是影响师生关系的重要因素，所以教师要保持良好的心理氛围。

### （二）群体影响个体行为的方式

学生群体对个人行为的影响是多方面的。由于个体心理的差异、群体性质的差异，以及特定环境的差异，使得群体的影响模式所带来的个体心理效果十分复杂。

#### 1. 社会促进进步

在群体活动中，个人的活动因其他成员的存在或参加而提高，这不仅体现在活动的品质上，还体现在活动的数目上。这就是所谓的社会推动。1897 年，心理学家普利特通用一个试验证明，当学生们在一起工作的时候，他们的动作要比单独做更快。是不是别人的存在，就一定会有这样的效果？美国心理学家奥尔波特从 1916 年至 1919 年间，曾设计过一系列的试验来研究这一问题。

在何种情形下，他人的存在能带来社会的推动效应？这很大程度上依赖于事件的性质以及个体的积极响应。每个人对各种活动的掌握都不一样，有的动作很陌生，需要仔细思考和专心致志；而有的动作更娴熟，几乎可以说是自动完成，没有任何思考，也没有任何错误，一个人在这种技能上的反应被称为“优势反应”。通常，当一个作业要求的响应是一个活跃分子的“优势反应”时，另一个人的存在就会对社交起到积极的推动作用；反之，当一个工作所要求的技术不熟悉，另一个人的存在就会对社会造成不利影响。另外，年龄、气质、性格也会对他人的存在产生一定的影响。尤其是个人的自控能力，比如情绪的控制力、行为的控制力，都会对别人的存在产生一定的影响。内向、独立性差、易受暗示的人对别人的存在有较强的反应；自我控制力较强的人，在处理复杂的工作时，往往能全神贯注，对别人的存在置若罔闻，表现出一副泰然自若的样子，这样的人很少受到别人的负面影响。

因此，社会激励与社会抑制的影响是十分复杂的。针对不同的主观因素和客观因素，应自觉运用社会促进，避免社会压抑。比如，教师在给学生安排较为繁杂的作业时，要避免太多人互相影响；对于一些简单的问题，可以让大部分学生都参加，并鼓励他们进行适度的竞争，并适时地进行评估，使群体效应发挥出最大的社会推动力。

### 2. 社会标准化

在集体学习和工作中，个体对事物的感知、判断、动作反应速度、工作效率都逐渐趋于统一，这就是所谓的“社会规范化”。社会心理学家谢里夫曾在一次关于感知错误的试验中确认过这个问题。心理学家迈耶后来也在默写词汇，心算和笔算实验中找到了相似的结果。在这个实验中，学生们有两种不同的情景：一种是大家一起在课堂上做作业，另一种是在课堂之外独自做作业。相关研究发现，在独立活动中表现较差的学生，在课堂上和学生一起做作业，其整体表现会有所改善；在个别活动中表现好的学生，在课堂上和学生一起做作业，其表现却没有显著的进步。总体来看，集体活动组的平均分差降低了，每个人的分数都是一样的。造成这一现象的原因很多，一个是因为每个人的运动速度和运动的目的都会互相影响。在课堂上，尤其是少数几个小组中，经常会有大家的成绩、行为或意见趋近的倾向。所以，教师要充分利用班级里的先进分子，引导学生以自己的行动为基础，尽量使他们影响成绩不佳的学生。社会标准化的功能若能合理地加以运用，将有助于促进学生的共同发展。

### 3. 从众

从众现象是一种因群体的指引或压力，导致个人的思想、态度、行为甚至知觉发生改变的一种现象。从众现象是一种普遍现象。1956 年，阿希在一次典型的测试中发现，在同龄人中，有 35% ~37% 的人会因为同伴的影响而做出错误的判断。从众心理产生的原因有二：一是在特殊的环境中，由于信息的匮乏，个体必须根据大多数人的意见和行动来进行抉择，例如在地震或火灾时，由于情况不明，人们会朝着同一个方向逃窜；二是为了保持内部的一致性，他们往往接受与群体一致的成员，而不愿意接受背道而驰的人。有时候，人们不但在行为上和群体保持一致，而且他们的内在观点也与群体中的大多数人保持一致。在某些情形中，个别人尽管表面上和群体保持一致，但心里对群体意见的正确性表示怀疑，仅仅是因为群体的压力，他们才会在行动上和其他成员保持一致，这就是所谓的从众。在日常生活中，个人出于利益的考虑，往往会舍弃自己的立场，自觉地与群体站在同一阵线上。

从众在教学活动中的角色是多元的，在一定程度上影响着社会适应性。在维护社会秩序、传承文化的过程中，必须坚持大多数人的思想和行动。共同的语言、理想、价值、行为准则，这些都是一个社会的正常运行和和谐发展所必需的。但是，从众也有负面影响。例如，盲从会使学生产生一种“小圈子”的倾向，这对培养独立的个性是不利的；对某些原则的盲从，容易造成严重的失误；在某些情况下，盲目地追随群体，很有可能造成严重的后果。

另外，在现实生活中，存在着“反从众”的现象，因为这类人群对自己的团体没有归属感，他们对团体的态度、行为都抱有敌意，所以他们会刻意地反对团体的原则，反对大多数成员的意见，而不去理会团体的观点。“反从众”在青少年的心理“断乳期”中是常见的。“反从众”与维护独立是不同的。有些自信心强、敢于冒险、勇于承担责任的人，在团体的压力下，仍然能够独立思考、坚持自己的观点，这对团体的发展是有益的；而“反从众”的行为，对个人的身体、心理、社会的安定都是不利的。在学校里，经常会遇到一些有反社会倾向的人。对此，教育工作者应深入剖析其成因，适时地进行引导。

# 第四节　班级人际关系与课堂生态建设

## 一、班级人际关系

### （一）班级人际关系的性质与功能

#### 1. 班级人际关系的概念

班级人际关系是指在班级成员的交往中，教师与学生的关系，学生与学生的关系。而班级人际关系的优劣则是由这两种关系的有效整合所决定的。

人际关系是建立在人与人之间的联系。不同的交流方式，往往会有不同的心理效果。教师和学生的交流方式是多种多样的。在课堂上，教师和学生之间存在着三种最普遍的交流方式，即单向交流、双向交流和多元交流。在这种情况下，教师和学生之间的多方位交流是保证教学和管理效率的一种比较理想的交流方式。多向交际可以充分发挥教师的主导性和主体性。一方面，教师是班上的一员，与每位学生相处，并鼓励学生互相交流，这不但可以提升全班的士气，而且可以快速地协调、解决问题。另一方面，由于单向交流的反馈不足，使得教师很难对学生的心理状态做出准确的判断，从而影响到其社交能力的提高。

学生们的交流也是千差万别。巴维拉斯通过对群体中成员信息交流的研究，得出了三种主要的交流方式：链式、轮式和环形式。链式交流是指在相同层次上进行交流，信息传递速度快，但是信息容易失真；轮式交流主要由核心人员负责收集和传递信息，主要角色扮演着领导、指挥和协调的角色，传递的速度快、精确度高，但团队成员之间往往不熟悉，很难形成有效的协作和支援；而环形交际则是相邻的成员之间，没有一个重要的角色。

一般情况下，学生与学生的交流次数明显多于师生。比如，纽曼对美国中西部地区的两所高中的人际关系进行了研究，发现学生对教师的日常交流比教师对学生的交流多了6倍。学生觉得自己和同龄人相处时轻松愉快，友好。尽管和成年人在一起时，要比和同龄人在一起更让人激动，但是同样的，学生会感到更加压抑、被动和软弱。

### 2. 班级人际关系的构成成分

人际关系是由认知因素、情感因素、行为因素组成的复杂的综合体系。人际关系的产生、发展和改变，都是由三者的交互作用而产生的。

认知因素是人类认识活动的方方面面，是人际关系形成、发展、改变的根本。师生在直接交流中相互感知、理解、判断、评价，从而形成对应的情感。在人际关系中，认识可以激发人们情绪的发生，也可以影响情绪的发展。在师生们意识到保持良好的人际关系的重要性的时候，他们就会主动地抑制一切可能损害师生关系的矛盾，不断地交换意见和思想，以达到更好的调节人际关系的目的，进而提升教学活动的质量。

情感因素是人际关系中的一个重要组成部分，它在人际关系中起着举足轻重的作用。人与人之间的感情是以双向情感为基础而产生并形成的，而感情可以分成两种：一种是感情的结合，它能促使人们相互喜爱、友好地工作，并使双方都满意；另一种是隔离情绪，它会促使人们相互憎恨、敌对，从而使交际中的每一方都感到不愉快。师生之间的联系情绪越多，则相互间的契合度越高，越能相容。感情和谐是一种良好的人际关系的重要特点。

行为因素主要有行为模式、语言特征、表情、行为方式、手势等。一般来说，教师和学生在教育活动中的行为方式如果具有同情、友好、支持、合作、信任等特征，就能促进人际关系的发展；反之，怀疑、攻击、惩罚、炫耀、拒绝、自夸等行为方式会导致形成不友好、反抗甚至敌对的关系。

综上所述，认知因素、情感因素、行为因素组成了一个动态的班级人际关系体系，这些互动对人际关系的深度和稳定性产生了一定的影响。

#### 3. 班级人际关系的功能

班级的人际关系直接关系到每一位学生的成长、全班的发展，乃至整个学校的教育与教学活动的顺利进行。一般而言，班级的人际关系具有以下几种作用：

（1）对班级团结的影响

人际关系是团结的基石。人际关系的本质与状态直接影响团队的士气与凝聚力。如果一个班里的学生关系融洽、和谐，那么这个班就是一个团结、士气高昂的集体；而如果关系不好，那就是一种内讧，一种矛盾，就会影响到整个班级的团结。

（2）对学习和生产力的影响

在课堂上，人际关系的优劣直接影响着学生的学习和工作。在课堂中，学生之间的良好的人际关系可以成为激发学生学习积极性的外在条件，有利于学生的积极性、主动性、创造性地发挥；相反，如果人际关系差，学生之间相互猜疑、冲突、拆台，无法在学习和工作中相互配合，势必会降低学习的效率。

（3）个人成长的影响

人与人之间的亲密关系是心理发展的基础。良好的班级人际交往可以增进学生交往的频繁程度和深度，增进交往的层次；在知识、思想、情感等方面相互交流、获取信息，实现成员间的心理交流，促进双方的健康发展。

#### 4. 影响心理健康

人际关系对个人的心理健康及身心发展起着举足轻重的作用。人际关系往往与某种情感经验紧密相连，情感因素具有直接、持久、强烈的特征，直接影响着人们的身心。人际关系的不和谐会使人焦虑，从而引发一些心理问题，甚至引发一些精神疾病。

### （二）合作与竞争

在人际关系中，合作和竞争是最基本的两种形式。合作是指个体之间的协作、互助，以实现共同的目的，因而是一种无利益冲突的关系。竞争是一种相互竞争的过程，即一方或多方为了自己的利益，在达到自己的目的时，要超越或击败对手，同时要防止对方达到目的。在竞争中，所有的竞争者都会竭尽全力地争夺有限的资源，因此，竞争是一种利益冲突。一个团体之间存在着竞争和合作，这两种关系经常是互相依赖的。

在传统的教学实践中，教师经常会采用竞争来激发学生的学习动力。但是，合作式教学法具有明显的优越性。在课堂上，合作并没有使学生的学习成绩下降，相反，在很多时候，他们的学习表现会有很大的提升。美国明尼苏达大学合作学习中心的心理学家约翰逊和他的同事们对上百个学校里的竞争和合作进行了总结。结果表明，合作是一种很好的学习方式。在课堂上，与其他学生有密切的合作关系的学生，他们的学习效果要好于相互竞争和独自学习的学生。此外，本研究还发现，课堂上的合作不仅能促进学生的学习，还能促进某些社会性、动力性、动态性的教学效果。参与合作学习的大学生对自己的学校、班级及同窗的感情较深，对同伴的偏爱程度较高，具有较好的自我意识和与他人协作的能力。这些学生还能更好地了解别人的想法，并把自己放在别人的位置上进行思考。

合作的目标结构会引起对方相互吸引、增进交往、增强心理接受，从而促成多样化、动态和现实的合作观；合作学习理论指出，在竞争学习环境下，个体目标的达成与团队目标的达成呈负相关。当一个学生和其他学生竞争以获得好的分数时，他所追求的是一种很少有人能做到的事情，只有在班级里的大部分人都做不到的时候，他才能做到。在这个班里，每个人都想超越别人，孤立别人，甚至为别人的失败而感到高兴。而在合作学习环境中，个体目标的达成与团队目标的达成具有显著的正相关性。对每位学生而言，只有在其他学生都能达成学业目标的情况下，他才会取得成功。个体所寻求的成果，不但对自己有利，对团体内的其他成员，对整体团体都是有利的。

合作学习主要具有以下作用：一是可以形成一种紧张或鼓励的效应，可以提高学习的效率；二是在课堂上可以加强团队的凝聚力；三是当遇到新的问题或困难时，合作学习可以发挥团队的智慧，充分利用每个人的专长和长处，更快地发现问题的解决方案；四是合作学习不仅能带来立竿见影的效果，还能让合作伙伴们互相学习，在学习态度、学习策略等方面互相帮助，有助于提高学习效率；五是通过情感和信息交流，有助于培养学生的个性。这些都是积极的合作。同时我们也应当看到，合作也存在着一些缺陷。比如，在学习速度方面，有些学生习惯了快节奏，有些学生习惯了慢节奏，而合作则会降低前者的学习效率；而高水平的学生和水平较低的学生一起学习，则会降低后者的自信心；而活跃的学生和沉默的学生一起学习，则会让后者更容易感到紧张。

合作学习，自然是没有竞争的。竞争有两种类型：群体间的竞争和群体内部的竞争。总的来说，群体之间的竞争有利于提高群体的凝聚力，因此，在学校教育中被广泛地应用。群体内部的竞争也有其优缺点。群体内部的竞争往往会让教室里的氛围更加活跃，一些简单的作业和记忆作业也会有更大的成效，可以激发学生的学习动力，提升学生的学习效率，让学生在与别人的对比中，发现自己的潜能与不足，从而提升自己的学习能力，培养个性。不过，内部竞争的劣势也非常明显。从个别情况来看，学习成绩一向优秀的学生在竞争中占有绝对的优势，所以竞争对他们的激励效果不大；而学习成绩平平的、争强好胜的学生，会把太多的精力投入到竞争中；学习能力差、自我效能低下的人，则会在竞争中丧失信心，自暴自弃。对于学生来说，频繁竞争会使学生间产生敌意和互不信任，从而导致学生之间出现人际关系紧张、不团结等负面的氛围。

因此，许多教育心理学研究者都认为，要想让学生更好地学习、更爱学校、更团结、更有效地掌握社交技巧，就必须加强与学生的合作。在一个理想的教室中，学生应该学习怎样与别人合作，学生的合作应该是一种主流。在这种情况下，我们应该充分利用竞争对学习的促进作用，并通过竞争来使其更好地融入社会生活之中。

### （三）师生关系

师生关系是学校教育中最为重要的一种人际关系。师生关系是一种特殊的人际关系。

#### 1. 教师与学生的关系特点

学校作为一个教育机构，其自身的特点和教师与学生的不同身份，使其教学活动有着独特的特点。总的来说，师生关系的特点是：

（1）教学中的师生关系

教师与学生之间的关系是学校教育的一个重要环节。一方面，在学校教育中，培养学生与人交往、处理人际关系的能力，是学校教育的主要目标。当今世界，随着经济的一体化，文化的多样化，人们的交际能力也越来越强。学校是学生进行社交活动的试验场，在此基础上，构建与发展和谐的师生关系，可以为学生在人际关系中的运用提供参考，从而促进其社交技能的发展。同时，教师与学生之间的关系也是教师完成教学任务，实现教育目标的前提。良好的师生关系既能促进学生的学习，又能促进教师的工作，更能有效地实现“传道授业解惑”的使命。师生关系紧张、对立，将会阻碍师生间的交流，使教育与教学无法正常进行。

（2）师生关系的非对等性

教师在师生关系中扮演着重要的角色。教师对学生的关爱是教师社会责任的体现。教师的情感是由思想信念、教育观点、职业道德和事业心决定的，因而具有更多的理性特征。而学生对教师的情感，往往是由学生的主观判断和直观经验决定的，因此，情感色彩更为丰富，具有较大的偏颇和不稳定性。

（3）师生关系的多重性

教师身份的复杂性和任务的广泛性决定了教师与学生的多元关系。教师与学生的关系既是教与学的关系，也是领导者与被领导者的关系。不同的角色关系需要教师具备多种能力，这就要求教师具有良好品德、知识渊博、教学艺术，能对学生始终如一的关怀和爱护，拥有大公无私的心胸和公平的态度，才能满足不同的角色关系需求。

（4）师生关系的不可选择性

在学校教育中，师生之间没有选择的自由，所以在对待与学生的关系上，教师不能受到情绪的影响。如果教师缺乏专业信仰、责任心、宽广的胸襟，很容易产生偏袒，不能一视同仁，导致学生不满，进而影响教学效果。

### 2. 师生关系在教育中的意义

良好的师生关系对学校教育的影响是多方面的，主要体现在以下几个方面：

（1）良好的师生关系是学生身心健康发展的必要社会心理条件

良好的师生关系可以让学生在学习过程中得到充分的心理满足，从而产生积极的情感体验。通过与教师的亲密接触，可以使学生体会到集体的温馨，进而产生关心他人、同情他人的品质。

（2）良好的师生关系有助于提高学生对教育要求的认同感

学生对自己所爱、所尊重的教师有一定的信任，而同一教育需求从不同的教师口中发出时，他们的态度也就会有差异。学生乐于接受与自己关系好的教师的观点和看法；对于那些与自己关系较差的教师，他们往往会置之不理，漠不关心。所以，教师与学生之间的和谐关系是教学目标得以顺利达成的先决条件。

（3）良好的师生关系能激发学生学习的兴趣和从事智力活动的积极性

在教学实践中，教师与学生之间的关系可以起到“爱屋及乌”的作用。学生对待教师的态度与其学科兴趣、学习成绩有显著的相关性。受学生欢迎的教师所教授的科目，通常都是受学生欢迎的，而且表现也比较好；而不被学生喜欢的教师所教授的科目，也常被学生排斥，这门课的成绩也很糟糕。良好的师生关系可以使学生获得愉悦的情感体验，而这种情感体验会对学生的学习有很大的影响。在良好的教学环境下，学生们的精力旺盛、思想活跃、工作效率高。反之，教师与学生之间的紧张关系，会给学生带来压力，减少对智力活动的热情，使他们的学习过程变得机械、死板。

（4）良好的师生关系可以为教师积极工作、努力创造和追求成就提供动力

师生关系融洽，学生对教师的尊重与爱戴，就是对教师工作的肯定。师生互敬，师生互爱，这就是一个良性循环，教师在不断感受到成功的快乐之后，会更加专注于教学。

### 3. 师生关系的协调

教师与学生之间的关系在教育教学中具有独特的作用，因此，教师要采取相应的对策协调与学生之间的关系。教师在师生关系中扮演着重要的角色，教师的情感、态度、道德修养、行为方式都是影响师生关系的重要因素。为了构建良好的师生关系，教师要不断地自我反省，力求做到以下几点：

（1）对学生的爱与尊敬

学生在生理和心理上的发展，就是要认识到自身的不成熟，这是他们的可塑性的先决

条件。每个学生都有很大的发展空间和追求真、善、美的愿望，所以教师有充分的理由去爱自己的学生。但是，在这个过程中，每一个学生都具有独立的思想和人格，要影响他们，促进他们的发展，教师必须尊重他们的能力和价值。教师只有真正地热爱学生，尊重学生，才能使学生真正体会到教师对自己的关怀与关爱，才能使其感觉到教师的可信、可靠、可敬，从而使学生与教师之间的感情联系更加牢固。

（2）建立一种民主、平等的工作方式

教师既是学生的前辈，又是学生的伙伴、朋友。在教学过程中，教师既要一视同仁，又要尊重每一位学生的看法，使他们感受到教师的公正。教师要真诚地对待学生，不要摆出一副居高临下的架势。这样才能让学生体会到师生之间的平等，才能消除他们与教师之间的隔阂。学生对教师的防备和疏远心态均不利于师生关系的和谐发展，而民主、平等的教学方式能促进师生关系的和谐发展。

（3）善于利用“心理位移”

作为教育者和管理者，师生之间的心理距离始终存在。要想建立亲密的师生关系，教师要把学生放在自己的角度去感受学生的情感，对社会、人生、某些特定问题的看法与态度进行深入剖析与理解，力求在师生之间找到共同的语言。人际关系是一种感情关系，感情越深，关系就越紧密，因此，教师要在教学中起到带头作用，使自己与学生之间进行心灵上的交流，使师生关系得到更好的发展。

## 二、班级管理与课堂生态建设

班级管理是指在班内进行人际关系的协调，培养集体凝聚力，发挥集体效能，达到教学目的的一种途径。在班级管理中，教师尤其是班主任起着主导作用，学校组织也赋予了教师对班级管理的权利和责任。只有建立一个层次分明、信息渠道畅通、高效有序的自我管理体系，班级才能真正成为学生学习、生活、全面发展的良好环境。课堂是实现教学任务和教育目标的主要场所，因此，课堂管理在班级管理中占有举足轻重的地位。课堂自身也是一个由许多因素紧密联系在一起的完整系统，每个主体，包括师生的行为，都会对其他人产生影响。

### （一）课堂特征

#### 1. 多维度

课堂是由许多因素组成的，每个因素都具有不同的特点。课堂里的人很多，每个人的目标、能力和兴趣都不一样，每一节课都有很多需要共同完成的任务，而每一个个体也都有不同的任务。

2. 同时性

在课堂里，有很多东西会同时出现。比如，教师在给学生讲解一个概念的同时，还要注意学生是否理解，要考虑是否阻止一个正在低声说话的学生，以及判断展开下一个话题的时间是否充足、由哪个学生来回答问题等。

3. 即时

很多问题都是在现场解决的，教师和学生们可以随时进行沟通。

4. 无法预测

有些意外情况在课堂上是很难预测的，就算教师准备充分，做了周密的规划，但是讲课过程、课堂内部和周围的突发情况仍然会发生。

5. 开放

整个课堂都是开放的，所有的事情都会被人看到，包括教师处理突发事件的过程，都会被学生看到。

6. 历史性

在时间上，每门课程并非独立存在，而是贯穿于整个课堂活动；学生对教师在课堂中所做的某些行为的含义的认识，常常会对学生整个学期乃至整个学年的学习造成影响。

课堂的特点充分体现了课堂中的各种元素和复杂的课堂环境。要达到教学目标，必须对课堂的各种特点进行全面的理解，并对其进行有效协调。

### （二）课堂管理的目标

从表面上来看，课堂管理的目的是维护当堂课的秩序，调节学生当堂课的学习状况。实际上，这仅仅是一个临时的班级管理目标。课堂管理是班级管理中的一个重要环节，它的另一个重要目的是建立和健全课堂自我管理体系。

1. 优化课堂教学环境，提高课堂教学效率

时间、秩序、学生的心理资源是课堂管理的三大因素。课堂上的时间是根据课时来安排的，如何合理地使用有限的课时是影响教学成功与否的重要因素。所以，在教学中要合

理安排课时，让学生有更多的时间参与到学习中去是课堂管理的关键。课堂秩序是保证课堂教学有序进行的重要保证。良好的教学过程要求学生遵守规定和遵守参加活动的纪律。学生的心理资源是指他们在学习过程中所付出的精神力量。要充分利用学生的心理资源，教师就必须在重点内容和非重点内容之间、简单内容和难点内容之间进行合理的分配，并针对不同的任务对学生的心理过程进行适当的调整。

#### 2. 完善自我管理系统，培养课堂自我调节机制

课堂管理要让学生学会自我管理、自我监督，而不仅仅是依靠外在的力量来维护学校的秩序和学习。学生要花费更多的时间进行自我管理，有时候还会影响到课程的进程，但是从长期来看，这样的花费是非常划算的。成功的教育家们深知“教是为了不教”的真理，“为之而不为之”，这也是符合现代教育规律的。

### （三）课堂管理中的影响因素

影响课堂管理成效的因素有很多，教师在教学管理中应注意以下几点：

#### 1. 教学的任务

明确的教学任务、适度的教学内容及教学目标，是赢得学生合作、提高参与次数的先决条件。如果学生在学什么、为什么学这个问题上没有得到解答，在学的过程中产生了畏惧感，就容易产生回避的倾向，无法专心地听、想问题。

#### 2. 学生的年龄

在课堂管理中，学生的年龄特征是一个非常关键的影响因素。在中小学教室管理方面，存在着明显的差异。小学生正在学习怎样去学校，因为他们刚从幼稚园“毕业”，这个时期的孩子通常都是将成年人视为有权力的人物，所以教师可以通过直接的教学方法和教学流程来进行教学。在初中生阶段，学生们逐渐适应了教室里的某些规定，但教师们需要花费更多的时间来监督和维护学生。在初中生中，学生的地位越来越重要，有的学生开始质疑、否认权威，故意制造混乱。在中学阶段，学习内容的选择、学习方式与学习任务的适应性等问题越来越受到重视，而教师的教学深入性研究则显得尤为重要。到了大学，更应该像对待大人一样看待他们，让他们有更多的自由。

#### 3. 教学方法

在课堂管理中，教师的教学方法与策略发挥着举足轻重的作用。比如，教师应注重学

生的兴趣、参与性，教师要让学生在课堂上充分地发挥自己的优势。教师对学生的期望值也会对班级的管理产生一定的影响。教师在向学生表达自己的期望值时，会将有关的讯息传递到学生的一举一动中，而学生对这种讯息非常敏感，一旦发现教师希望他们完成的作业量减少，就会出现走神、谈话、走位等情况，导致课堂上出现纪律问题。

### （四）课堂纪律的建立和维持

课堂规范是维持课堂秩序的一种特殊的规则，当其被确定能对学生的课堂行为进行调控和控制时，它就被称为“课堂纪律”。教师通过对不断变化的社会需求和期待作出恰当的回应，培养他们独立、自信、坚毅等品质，促进学生人格的成熟。

课堂纪律看似是一种外部现象，但实际上是内外合一的。自律是一种自我控制的力量，与他律不同，他律必须借助外力，比如必须在教师和学生干部的监督下才能起到效果。而在学生自觉遵守的情况下，自律就变成了一种内在的自觉力量。从外在到内在，学生的课堂行为由他律到自律。

从最初的建立，到逐步完善，到他律，再到自我约束，都是一个漫长的过程。在此过程中，教师扮演了重要的角色。那么教师怎样才能有效地建立并维护教室的纪律？美国的康尼经过多年的教学实践，得出了具有良好教学效果的课堂的共同特点，那就是教师对课堂中的每一件事都了如指掌。在教室里，经常会有学生趁教师不注意的时候，做出一些破坏课堂秩序的事情。如果教师能让学生感觉到他们在课堂上的一举一动都在老师的掌握之下，并且可以在同一时间处理各种情况，那么他们就不会鲁莽行事。在教室里，往往有许多事情同时出现，教师首先要解决什么问题，其次要解决什么问题，要同时解决什么问题，要花多长的时间，这些问题都要靠教师的智慧来做出决策。如果教师不能对所发生的事件进行恰当的协调，很可能会导致大部分学生的情绪消沉。

教师需要保证分段式教学活动顺利、有条不紊地进行。课堂上的分段式活动可以分为教师讲解、小组讨论、学生演算等，也可以分时段进行，如理论讲解、实验室实验、实训等。如果教师具有丰富的教学经验，就可以保证教学活动有序地进行，避免因动作迟缓、活动混乱而造成的时间浪费和注意力分散。教师能够在任何时候都保证所有的学生参加学习。一些个人活动的时间比较长，比如学生们面对的问题是逻辑性的分析，黑板上的算术、朗读。在这样的环境下，很难保证班级的所有人都能专心听讲，有些学生甚至会在不知不觉中变成“陪坐者”。教师应该保证所有人都能听到，让学生们知道自己随时都有被问到的机会。在计算的过程中，教师可以给其他学生分配任务，让坐在教室里的人纠正黑板上的计算结果。这样，学生参加的机会越多，就越有条理。

教师需要营造生动活泼的教学环境。如果教师每天都按照一成不变的流程教学，那么学生就会感到单调、乏味，从而影响学习的积极性和效率。教师要善于运用多媒体和其他视听器材，采用灵活多变的教学手段，这样才能丰富课堂活动，让每一节课都充满新鲜感。只有营造出生动活泼的教学环境，才能激发学生的学习积极性，将学生的注意力吸引到教学活动上。

责罚学生要避免涟漪效应的影响。涟漪效应是指当教师惩罚一个学生后，会立即对课堂上的其他学生造成消极的影响。若处罚不公，或受罚的学生在班级里人缘较好，则教师的举动不但会造成学生的注意力分散，而且会引发学生对教师的不满，进而影响到班级的氛围。但是，在教室里，犯错惩罚是必需的，怎样才能减轻惩罚的负面效果？康尼认为，教师应该清楚地指出学生的错误，让他们停止做错的事情，清楚地告诉他们做什么是对的，让他们明白为什么要这样做。

# 第三章　学习心理及策略

## 第一节　学习动机

### 一、学习动机概述

#### （一）学习动机的内涵

1. 动机

要了解学习动机，我们首先要了解“动机”这个词在心理学上的意义。“动机”这个单词来自拉丁语“movere”，它的含义是推进或者引导行为。因为动机是一个新的心理学领域（20 世纪 30 年代），它的概念并不清晰，经常被本能、驱力、需要等概念所代替。如何全面准确地界定动机，是许多心理学家不断探讨的问题。

纵观以往对动机的定义，可以将其划分为三种类型：内在动机。例如，动机是“内在的力量，促使人们采取行动”“动机是个人内在的进程，是内在的结果。”外在动机，例如：“为达到某一目标而采取行动的理由调整或停止行动程序。”自我效能动机，例如：“能引起、维持某人的活动，并引导其实现某一特定需求的思想、愿望、理想等”“一种因需要而产生、维持或停止的行为的动机”。因此，我们可以将动机定义为：一种内在的心理趋向，它是由于某种需求而直接推动个体的活动，维持已引起的活动，并将其引导到一个特定的目的，从而达到特定的目的。例如，饥饿会导致寻找食物的动力和行为，而在食物需求被满足时，内在动力会变弱，寻找食物的动力和行为也会随之减少。

2. 学习动机

学生的学习行为也是由动机所控制和调控的。传统的教育心理学认为学习动机是一种内在的动机，它能促使一个人从事学习行为，达到学习目标。比如，有些学生觉得知识很重要（知识和价值观），就会努力学习。

但是，现代教育心理学对“学习动机”这个词的理解却有了新的定义。就像伍尔福克所说的那样：“学习动机不只是涉及学生要学或想学，还涉及更多的含义，包括计划、目标导向、对所要学习与如何学习的任务的反省认知意识、主动寻求新信息、对反馈的清晰知觉、对成就的自豪与满意和不怕失败。”他把学习动机定义为“寻求学习活动的意义并努力从这些活动中获得益处的倾向”。学习动机可以看作是一种普遍的个性特点，或者是一种短暂的觉醒。所以，要培养和激励学习动机，教师可以从个性特点和激励两个方面着手。

学习动机包括学习需要和激励因素。学习需要是指在学习过程中，学生根据自己的不足之处，而想要得到的满意的状态。学习需要通过社会、教育的客观要求，转变为人的主观心理需求。学习需要是学习者学习意愿的体现。这种动机和愿望是促使个人进行学习的基本驱动机，当个人只想要学习而外部环境不能提供相应的条件或激励时，学习的效果就很难实现。只有当学生具备了充分的学习动机，制定了一个合理的学习目标，并在一定程度上激发了学生的积极性，使“要我学习”的被动局面转变为“我要学习”，并对学习行为进行持续调整，才能达到预定的学习目的。学习需要与激励因素是学习动机的两大要素，它们相互联系，相互影响，共同推动着学生的学习行为。学习需要是个人参与学习的最基本的驱动机，它在学习动机的构成中起着重要作用，而学习的需要是个人内在的一种心理状态，它必须与外部的激励因素结合起来，形成学习的目的或期望，从而激发学生的学习动机和行为。在教学实践中，应尽量激发学生的学习需要，并为其制定合理的教学目的，提供适当的激励条件，以达到激发学生学习动机和提高教学效果的目的。

## （二）学习动机的种类

根据学习动机的不同，可以将学习动机的社会意义划分为高贵与低级或对与错这两类；本书仅列出三种在教育心理学研究中具有重要意义的学习动机类型。

1. 内部动机和外部动机

根据学习动机的动机来源（引发的原因），可将动机分为内部动机和外部动机。内部动机是由个体内在需要如好奇心、需要、求知欲、兴趣、操纵的愿望等引起的活动动机。

如有的学生喜欢探索宇宙的奥秘进而喜欢学习天文学；有的学生喜欢语文课的诗情画意，于是课堂上认真听课，课后刻苦钻研。外部动机是由外在诱因如表扬、分数、竞争等引起的活动动机，如有的学生为了博得父母的欢心、教师的夸奖而学习，有的学生为了赢得相应的地位或达到某种目的如争当学生干部，找一份称心如意的好工作而努力学习，等等。

内部学习动机会促使学生积极主动地学习，对学习活动的推动作用具有稳定性和持久性；而外部学习动机引起的学习活动不在学习任务本身，因而对学习活动的推动作用是暂时的、不稳定的。一般而言，外部学习动机随着外界要求的终止或目的的实现，其对学习活动的推动作用逐渐停止或减弱。研究表明，具有内部动机的学生渴望获得有关的知识经验，具有自主性、自发性；具有外部动机的学生的学习具有诱发性、被动性，他们对学习内容本身的兴趣较低。因此，在教育实践中既要强调内部动机的激发，也不要忽视外部动机的作用；尽量采取相关措施将外部动机转化为内部动机，同时利用外部动机使学生已经形成的内部动机处于持续的激励状态。

### 2. 认知内驱力、自我提高的内驱力和附属内驱力

根据学习动机的构成成分，奥苏伯尔把学校情境的成就动机分为认知内驱力、自我提高的内驱力以及附属内驱力。他认为，学生众多的学习行为都可以用这三方面的内驱力来加以解释。当然，随着学生年龄的增长，这三种成分在个体身上的比重会有所改变。

（1）认知内驱力

认知内驱力是认识和理解知识、阐述和解决问题的需求。在学习过程中，学生有必要了解周围的情况，并能独立思考一些困难的问题，愿意参与到智力活动中去，努力解决问题。一些心理学家相信，大部分的认知内在动机来自探究、操作、理解和应对环境等方面的好奇心，而这些因素大多与人类的基因特性相关。因此，他们相信这种内在的认知动机具有先天的因素。

好奇心是认知内驱力的根源，它具有基本的而不是真正的动机，它没有明确的目标，也没有具体的内容。要把潜藏的动机变成一种有效的驱动机，就得靠实际行动。个人只有在不断地取得成功之后，才能明确自己的学习目标和方向，从而使自己有更大的成就感。即，认知内驱力是由内在因素决定的，而学生的认知内驱力同样如此，并通过教育环境和成功的学习经历来培养。由此可以看出，学习与认知的内在动机是相互影响和相互作用的。认知内驱力是促进学习的动机，而成功的学习经历则是提高其认知的内在动机。在不断重复的过程中，这种内在的认知动机就会变成最稳定的、最重要的动机，从而极大地促进学习的发展。

因为认知内驱力是一种完全针对学习任务的动机，而且这种认识的需求（知识的实际获取）是由学习任务本身来完成的，所以奥苏伯尔便称之为“内在动机”。目前，教育心

理学家十分重视内在动机的功能，认为教育的首要任务是使学生对所学的知识产生兴趣，而不是被外在的奖励所影响。虽然在现实生活中，这种内在动机的核心作用经常受到外部需求的制约，如自我提高、减轻焦虑、追求赞许等，但它是一种目的，应该自觉地加以培养。

（2）自我提高的内驱力

自我提高的内驱力是个人通过自身的能力获得相应地位的需求。大学生自我提高的内在动机，既是指学习成绩和声望的获取，也关系到未来的学术和专业发展方向。

自我提高的内驱力与认知的内在动机不同，它并没有直接地指向学习任务或学习目的，而是指向在群体和别人心中获得什么样的位置。这句话的意思是，一个人获得的地位取决于他的学术成绩和他的能力。成就的多少，决定了他们获得的地位的高低。很明显，内在的自我提高是外在动机的作用。

学生的学业不及格，会造成他在团体中的地位下降，自尊心下降，诸如此类。以往的心理学家都相信，学生的失败经历会导致负面的效应。因此，他们往往会否定和回避惩罚、责备的威慑作用。目前的研究显示，失败的危险也能激发成功的动机，从而促使他们在漫长的时间内刻苦学习。要特别指出，太多的学业失败会导致学生的自尊丧失和焦虑，从而导致他们对学业的信心丧失。

但是，应该指出，过度重视自身提高的动机也是不适当的，会使人产生过高的志向，从而使人产生功利的倾向。由于这些学生的主要动机是外在的，当他们完成一项任务或拿到一项学分的时候，他们就会忽略这一点，而忽略了这一点，也就意味着，当一种外部的压力过去了，他们就再也没有兴趣去研究它了。

（3）附属内驱力

附属内驱力是学生在学习、工作的过程中，以维持长辈（教师、家长等）和同龄人认同的需要。这一需要并非指向学习任务或学习目的，或提升自身地位，而在于情感上依赖长辈与同辈。这使得学生在学习上更加努力，因为成绩被认为是一种获得长辈和同龄人的认可和认同的工具。长辈是学生跟随和模仿的对象，如果得到他们的认同，就会有一个新的身份，表明自己在所属的团体中的优势，并且与他们保持亲密的、受人喜爱的感情联系。为了维持这样的关系，学生会自觉地让自己的行动与长辈的需求和期待相一致，从而赢得和维护他们的认同。一般而言，一个学生为了取得成功所付出的努力，往往取决于他们从长辈和同龄人那里得到的认可。麦基奇等人的研究显示，那些富有附属内驱力的学生，在班级里能够用功读书，并且获得更好的分数。而那些缺少附属内驱力的学生则恰恰相反。很明显，附属内驱力是一种外在的动机。

总体而言，学生的成就动机中的认知内驱力、自我提高内驱力、附属内驱力等并非一成不变的，而且各个成分的比重也会随着年龄、性别、个人在群体中的地位、人格等因素的影响而发生改变。随着年龄的增加，认知内驱力的影响逐渐增强，儿童的附属内驱力在幼儿时期尤为明显，是学习的主要动机来源。到了青年前期，辅助性的内驱力不但在强度上逐渐下降，在取向上也从家长向同龄人转变。自我改善的内驱力往往随着年龄增长而增强，在青少年和成人中扮演着非常重要的角色。

#### 3. 普遍的和具体的学习动机

按照学习动机的影响程度，或者说动机的强度，可以将其划分为普遍的和具体的两种。普遍性的学习动机是一种稳定的、持久的、广泛的、在学习活动中为掌握知识和技巧而奋斗的动机。持久性是指一旦形成了普遍的学习动机，就会持续到大学、工作及生活中。广义的特点是指在各种学习活动中都存在着普遍的学习动机，表现为对不同的学科和内容的学习有着很强的动机。在课堂上，不管教师的教学水平怎么样，学生都会很认真地学习，属于为了读书而去读书的典型。学习的普遍性动机是由学习者自己引起的，它与个体的价值观念、个性特点紧密相关，因此又被称作“个性动机”，是一种极具稳定性的动机。

具体学习动机指在某一具体学习活动中表现出来的学习动机。具有这种动机的学生，常常只对某一门或某几门课程或某些内容感兴趣，对其他学科或学习内容则很少关注。这类学习动机多半是在学习过程中因学业的成败或师生关系的影响而逐渐养成的，因这类动机主要受外界情境因素的影响，因而也称为情境动机，其作用是暂时的、不稳定的。

### （三）学习动机与学习活动的关系

学生一旦有了学习动机，就会对学习行为产生一定的影响。在学习过程中，学习动机对学生的学习行为起着重要作用。

#### 1. 学习动机在学习过程中的作用

（1）启动的作用

学习动机能够激发学生的学习行为，促使他们尽早地进入到学习的过程中。由于动机是导致行动的原始力量，它是行动的起点。桑代克的动物试验证明了学习动机的启动效应，虽然桑代克并未使用“动机”这个术语。在桑代克的试验中，要让一只猫从一个迷箱里逃出来，它需要一种饥饿的感觉，这种感觉会引起一种内在的压力，这种压力是一种寻找食物的内在力量，当它饥饿的时候，它的启动能力就会变得更大。研究发现，学习动机越强、学习热情越高，学习准备越充分，学习行为也越有可能被触发。

（2）指向的作用

学习动机可以将个人的行动导向特定的学习目的。在一定的学习动机激发了一种学习行为之后，学习动机就是一个指向针，它可以引导学生在学习过程中不断地向着预定的学习目的前进。

（3）调控的作用

学习动机对学生的行为强度、持续时间和取向有一定的影响。在现实学习环境下，学习动机和学习行为往往会受到多种内外因素的影响，比如学习目标的改变、兴趣的转移、外界需求的改变，从而影响学习的集中程度、付出的努力等。适当的学习动机可以消除干扰，适时地调整活动的强度，以达到既定的学习目的。一些研究表明，高成就动机组比低成就动机组具有更好的持续学习能力和更高的学习效率。沈德立等人的调查结果显示，高成就动机组的课堂注意力比低成就动机组要好。

### 2. 学习动机和学习效果之间的关系

学习动机具有始动、指向、维持和调节的功能。因此，学习动机可以对学习产生一定的影响。研究表明，学习动机在学习过程中所起的作用与学习的难度、方法及学生学习习惯、智力水平、身体健康状况等都有一定的关系。学习动机是影响学习行为、提高学习效果的一个重要因素，但并非唯一的影响因素；学习动机能使新的学习进程加快或减缓，而对学习活动的影响则是间接的，只能作为催化剂。

### 3. 学习动机和学习之间的辩证关系

学习动机对经典条件反射、无组织、短期知识接受的学习效果不大，而对人的意义学习则能起到显著的效果。但是，学习与动机的关系并非单向的，而是一种典型的互补关系。就像奥苏贝尔说的那样，学习和动机是一种典型的互补关系，而不是单向的。动机能提高学习的行为效率，不管是在何种程度上还是在影响上。一般而言，学习动机的影响与学习的结果是相符合的，其结果与动机的强弱和指向有关，而积极的学习动机和明确的学习目的会促使人们更加努力地去学习，从而获得更好的学习结果。但是，学习动机与学习成效之间的关系并非始终一致，甚至在某些时候，动机越强烈，学习成效越低。耶克斯和多德逊在动物身上做了一个实验，他们发现，越是简单的学习任务，学习的动机强度就越大，学习的效率也就越高；越是复杂的工作，学习的动机强度就越小，学习的效率也就越低，这就是耶克斯－多德逊定律。加涅在阐述奥苏伯尔的动机论时指出，正因为这个原因，动机不是学习的必要条件。所以，在培养了合适的兴趣和动机以后，我们没有必要将学习时间延后。在一些特定的环境下，培养学习动机的最好办法是关注认知，而非激励，依赖于成功的教育成果所激发的动机。

## 二、学习动机的培养与激发

学习动机的培养，就是采取适当的方式激励没有学习动机的学生，使他们形成或提升学习动机。学习动机的激励，是指通过恰当的方式，将学习者的学习动机由不活跃的状态转化为活跃的行为。学习动机的培养与激励是紧密联系在一起的，培养是激励的先决条件，激励的结果强化了培养的需求。因此，我们不能将培养和激励混淆，也不应该将两者完全独立，而是要将两者有机地结合起来，只有这样才能取得最佳的教学效果。

### （一）培养与激发学生学习动机的教学设计

#### 1. ARCS 模式

ARCS 模式是科勒从动机—成绩—教育影响理论中提出的一种宏观的理论，它把个人在教育中的预期价值以及对学习的结果所产生的心理反应分为四大类型：注意（attention，A）、切身性（relevance，R）、自信心（confidence，C）以及满意度（satisfaction，S）。

（1）注意

教学应该吸引和保持学生的好奇心和注意力。在教学中，应提供新的、变化的、不确定的刺激，以激发学生的探究行为，使其产生更深层次的兴趣。

（2）切身性

课程的内容要结合学生的实际情况。切身性主要包括两个方面：目标导向的切身性和过程导向的切身性。目标导向是指教学内容对学生目前和未来有用的程度，而过程导向是指教学方式能否适应学生的需求。

（3）自信心

学生认为自己有机会取得成功，而影响学生自信心的因素主要包括：感知能力、对成功的期待。在教学过程中，教师要积极为学生创造机会，使他们易于取得成功，逐渐在学习过程中建立自信心。

（4）满意度

学习的结果应该是正面的，符合学生预期的。满意度对学生持续的学习动机有一定的影响。对满意度的影响主要有强化与反馈、内部奖励、认知评估等。所以，在课堂上，我们应该让学生学到知识，并让其从知识获取的过程中取得满足感。

#### 2. TARGET 模式

TARGET 模式是基于大量的研究结果而形成的。艾姆斯认为，影响学生成就目标取向的六个课堂结构要素是：任务设计、权利分配、认可方式、团队安排、评价方式、时间分配。艾姆斯相信，通过对以上六种不同的教学模式进行调整，可以营造出一种能使学生更好地把握目标取向的教室氛围。

这两种教学模式都是将学生的学习动机问题贯穿于整个教学过程，即课前准备、课中师生互动、课后评估和反馈。二者均注重解决学生的学习动机问题，包括教师自身素质、学生个性特点、教学目标的设定以及教学内容的编排。本书从学习动机理论出发，结合以上两种模式，分别阐述了培养和激励学生的基本原则及实施方法。

## （二）学习动机培养与激发的一般原则

### 1. 给学生以成功的满足和失败的挑战

成功与失败在培养和激励学生的学习动机方面存在着辩证关系，简单的成败既不能促进学习动机的维持和激励，又容易产生短期效果，从而影响学习动机。学生的学习动机越大，学习主动性就越强。学习动机的满足，又会促使其成功，从而形成一个良性的循环。然而，假如学习不受阻碍、不费吹灰之力就能获得成功，就会逐步导致“系统脱敏”。换句话说，获得了成功，就会降低学习的动机。要想避免这样的情况，在学习中偶尔出现失败是必要的。没有难度的学习会让人觉得枯燥，而要想真正地培养他们的学习动机，必须要克服一些困难和努力。所以，教师和学生不要总是为“失败”而担忧，因为失败是成功之母。当然，盲目地加大学习难度，往往会让学生尝到“失败”的苦果，从而影响到学生学习动机的培养和激励。

### 2. 保持学生合理的期待

教师和家长应该对孩子有合理的期望，通过成功的体验来实现期望，通过合理的期望来引导成功。合理的期望，可以给学生施加适当的心理压力，从而最大限度地激发他们的学习热情。合理的期望，会考虑到学生的能力、兴趣、环境等因素，易于被学生所接受，并能在一定程度上达到。换句话说，期望只能在学生意识到成功的可能性时起到诱导作用。期望太高，很难实现，会使学生失去自信，让人绝望；期望太低，即使达到了，也没有得到应有的成就感，也就失去了学习的动力。所以，教师和父母对孩子的期望应该是合理的，并且不能满足于期望的实现，而要让期望变成永远不会耗尽的力量。

### 3. 坚持以内部动机作用为主

内部的学习动机激励着学生的学习行为，其激励效果是稳定的、持久的；外在的学习动机并不是由学习任务本身产生的，所以它对学习的促进效果不稳定，也不能持久。但是，我们也不能否认外在激励的重要性，因为在学校里，很多知识无法与实际生活相连接，并且无法短时间见效，因此，光靠内在激励是不够的。外在的要求、外在的力量都要转变成个人的内在需求，所以，外在的激励因素起到了很大的作用。在教学实践中，我们应遵循“内在动机”主导的教学理念，但又要注意外在因素的影响，通过适当的方法把外在动机变成内在动机，并适当地运用外在动机，以保持内在动机的持续性。

#### 4. 合理运用外部强化

强化手段在培养和激励学生的学习动机方面起着重要作用。恰当地使用强化工具，既能帮助学生掌握当前的知识，又能有效地激发学生的内在动机。比如，一开始的时候，学生为了达到教师和父母的期望而拼命地学习，但随着他们掌握了一定的知识和技术，即使没有任何的强化，他们也可以在自己喜欢的方向继续学习。当然，如果外力过度使用，不但无法提高学习效率，还会减弱内在的激励效果。由于强化只是一种工具，而不是一种目的，如果不能正确地加强，就会导致学生仅为了得到更好的东西而去学习，从而失去学习的积极性。

#### 5. 教学与教育相结合

心理学的研究显示，学生的学习动机是一种人格倾向的类型，它受到理想、信念、价值观和人生观的影响。毫无疑问，这些因素限制了学生的学习动机。所以，单纯依靠教学方法来培养和激发学生的学习动机是远远不够的，还需要采取相应的教育措施，使学生的学习热情得到充分发挥，从而确保正确的学习方向。

### （三）学习动机培养

学习动机建立在学习需求的基础上，重点是激发学生的学习动机，使其成为学习的核心。

#### 1. 进行人生观教育，增强学习责任感

对学生进行人生价值观教育是一项很重要的工作，从教学的角度来说，它也是一种培养学生学习动机的有效途径。在学习动机方面，由于年龄的增长，纯粹的好奇心逐渐消失，取而代之的是信仰与理想。正确的人生观可以让学生树立起崇高的理想、坚定的信仰，形成强烈的学习动机，从而促进他们的学习。如果学生没有一个正确的人生观，则会削弱或丧失学习动机。随着改革开放的深入，社会经济的富强，一些社会的偏见和不理性

因素，很容易对学生的价值观、人生观产生一定的影响。许多学生都因为这一点而缺乏学习动机。所以，我们应该利用人格心理上的优势对学生群体进行约束来调整他们的学习动机，从而使他们的学习动机持续得到提升。

应当指出，如果学生可以充分意识到自己所承担的历史责任，了解自身的学习意义，这将直接促进他们的学习动机的养成。这就需要学生走出校门，到社会中亲身调查、询问，了解国家的期望、社会的需要、时代的呼唤，激发他们的学习积极性。只有将外在的社会、教育需求转变成学生的内心需求，才能激发他们的责任心，才能激发他们的学习热情。在这样的外在因素驱使下，学生会有高尚的情操，取得可喜的成就。

#### 2. 利用原有动机的迁移，使学生产生学习的需要

动机的迁移是指在没有学习动机的条件下，学生会将自己的动机转移。布鲁纳的《教学过程》认为，“原则和态度的转移”是“教育过程的中心”。从本质上说，它是一种新的激励方式，即通过对激励行为和对象之间关系的再认识，从而形成一种新的激励机制。

在任何一个班级里，都有类似这样的情况：部分学生学习目标不明，没有意识到学习的重要性，对学习态度淡漠，成绩差，无法体会到快乐的学习状态。如果有经验的教师细心观察，很容易就能看出，其中的每一个学生都有自己的优势。比如，他们对体育、课外兴趣小组、文娱表演等活动都有较高的热情和兴趣。教师可以通过各种方式来安排学生参与活动，从而将参与活动中的快乐转化为对学习的需求，很好地促进学生的学习动机。当然，不同年龄段的学生都有其自身的特征。因此，在培养和引导学生从兴趣转向学习时，要充分考虑到不同年龄段学生的特征。

#### 3. 培养学生的学习兴趣

学习兴趣是指基于学习需求而具有正面情感色彩的认知或心理取向。因为学习的兴趣和学习需求是一致的，并且伴随着积极的情感经验，这对于学习的发展有着很大的促进作用。

教学实践表明，学习的兴趣可以激发学生对知识的探索，从而促使他们获得更多、更深入的知识。比如，对地理知识有兴趣的学生，他们常常会读到与地理相关的文章、书籍，也乐于收看与之相关的电视、电影等。另外，有研究显示，凡是与人的学习爱好有关的知识，人们都能迅速掌握、牢记，并能运用自如。因此，提高学习兴趣就显得尤为重要。

### （四）学习动机的激发与维持

在培养学生学习动机的同时，也激发了他们的学习需求。但是，要想让这种激励成为

一种有效的学习动机，就必须采取相应的措施，以调动学生的学习积极性。即，要运用某种激励因素，将已有的学习需求从潜在的状态转移到主动的状态，使之真正地发挥其内在的动机，激发其学习的主动性，并不断巩固和提升已有的学习动机。学习动机的激励与保持取决于教学内容、教学方法和教学组织。常用的方法与措施有：

### 1. 明确学习的目的和意义

部分学生由于不了解所学、为何学、如何学，因而没有学习的动机和主动性。为了激发学生的学习动机，教师在给学生讲解新课程时，首先要让学生了解到其目标要求，了解其在实际操作中的作用，这对于激发学生的学习兴趣是一种行之有效的方法。

研究发现，如果一个人不了解自己的学习目标与意义，那么他就很难把自己的学习积极性完全激发出来。但是，一旦学生对自己的目标有了清晰的认识，那么他就会有一种想要主动学习的冲动。比如，学习数学往往很无聊，但当学生们知道学习三角、几何在测量、军事上的重要性时，他们就会全神贯注地学习，从而激发学习的热情和动机。作为一名教师，首先要明确学习的目标，包括知识内容、基本能力、授课重点、难点等。目标要求要实际，不能过于空泛，也不能一成不变。在此基础上，对学生提出明确的要求，明确自己所教授的知识的重要性。当学生意识到知识的重要性时，他们就会将注意力集中在学习上，并且会对自己如何去完成这个学习任务有一些想法，这样才能激发学生的学习热情。

### 2. 创设问题情境，激发学生的求知欲

创设问题情境，是指在教学中建立一个困难的环境，即不能单纯地运用现有的知识和习惯，使教学内容与学生的求知心理产生“不协调”。“不协调”的情况会让学生产生不舒服、紧张的感觉，从而激发他们的思考和学习的欲望。在这发现矛盾—探索—思考—解决问题的过程中，最容易激发学生的好奇心，从而达到预期的教学效果。实践表明，在正式授课前，教师可以先询问学生一些与课程相关的问题，引起学生的好奇心和思索，这是一种很好的方法。

### 3. 教学内容新颖，教学方法灵活多样

新鲜的事物才会让人感兴趣。教学内容丰富多彩、新颖、生动，常能激起学生的积极性。新鲜的东西能够激发新的探索欲，不断更新的教学内容能够激发新的探索行为，并由此激发出更高层次的好奇心。心理学家曾经对部分一至四年级的儿童进行过一项关于阅读问题的试验，所用的素材都是一些新的故事或者老故事，让他们自己去阅读。研究发现，尽管新故事采用常规阅读模式，老故事采用分角色阅读模式，但大部分学生还是会选择新的故事。因此，新的教学内容更能激发学生的学习兴趣。提高课程内容的新鲜度，就是要

让课程内容有新意，让学生能更好地把握。

在保证教学内容的新鲜度的基础上，运用灵活、多样的教学手段显得尤为重要。教学内容归根结底还是要通过教师的某种教学方式才能被学生所接受，而作为教学内容载体的教学方式与方法则是一种激发学生学习动机的有效途径。有的讲授内容生动，有的讲授乏味。生动、有趣的教学内容，在传统的、单一的课堂教学中，往往会丧失对学生的吸引力，而枯燥乏味的内容，往往会在新颖的教学方法中激发学生的兴趣。在教学过程中，最忌讳的是重复，让学生不断地去思考所知道的知识。这种枯燥乏味的教学方式往往会给学生带来巴甫洛夫所谓的“无兴奋状态”，从而引起学生的神经系统的抑制。因此，在教学过程中，教师要尽可能地运用生动、有趣、引人入胜的教学方法，以激发学生的内在动机。通过对教学内容的多样化展示，可以促进学生内在的学习动机。例如，教师可以利用各种录像、影片、邀请专家或有关人员作讲座，来保持学生的学习兴趣；结果表明，利用电脑进行多媒体教学，能有效地激发大部分学生的内在学习动机。

应当指出，在利用以上方法来激励学生的学习动机时，要注意把握两个方面的问题：一方面，要避免产生兴趣主义。如果只从学生的兴趣出发，脱离课本的内容，就会导致学生的学习出现偏差，影响到学生的基本知识和技能的掌握；另一方面，要根据学生现有的知识和接受能力，结合他们的心理发展程度，选用合适教材和教学手段。

#### 4. 提供学习反馈

学习反馈是为学生提供学习成果的资讯。学习效果的反馈主要有两种：一是学生自身的反馈，也就是自我反馈。比如，在做完作业后，要根据答案进行自我检查、改正；在阅读后，关上书本，在心中默念所读的内容，然后再翻阅。二是教师的反馈，使学生能够及时地掌握自己的学习成果。

教师的反馈会在一定程度上提高学生的学习水平。而在教师的引导下，学生自己对自己的学习成果进行反馈，则会对学习产生更大的推动作用。心理学家布朗做过类似的实验。他将学生分为两个小组进行数学训练，两个小组的计算能力是一样的，所完成的问题也是一样的，只是他们的训练方式有所不同。完成作业后，教师会给一组学生评分，另一组学生自己纠正。自行纠正的学生每天将正确和错误罗列在表格中，以便于他们对自己的成绩进行评估。在学期末，两个小组都进行了同样的测试，发现自我纠正小组的学习效果要好于教师纠正小组。所以，在教学过程中，教师要指导学生从教师的反馈转向自我的反馈。

# 第二节　学习策略的培养

## 一、学习策略

### （一）学习策略的概念与特征

#### 1. 学习策略的概念

对于“学习策略”这个词，学界至今没有一个明确的定义。学习策略可以被视为是学习的一种程序、方法或者规则，也可以说是一种手段。通过对以往的研究，笔者认为，在学习过程中，学习策略应当是信息处理方式、方法和调控技巧的有机结合。信息处理是学习者对信息进行编码、分析、保存和提取的一系列手段，它可以通过各种变量之间的相互关系及其变化来调控学习行为和方法的选择和运用。在这些策略中，利用学习过程中的信息处理的策略被称作“学习的认知策略”，而用于调控和保证信息处理的执行的策略就是“学习的监控策略”。

#### 2. 学习策略的特点

（1）操作性和监控性的有机统一

操作性与监控性是最基础的学习方法。学习策略是一种程序知识，是由规则体系组成，可以被学习者通过调节来实现。当规则体系实现了自动化，它就会自动为学习者准备好各种学习方式和技巧，以便学生在学习的时候进行自主的调整和挑选。在不同的认识过程中，学习策略的可操作性表现为不同的认识方式和技巧。“监控”表现为“内隐”的“认知”。由于以往的学习经历所获得的学习方法在不同的环境中具有不同的适应性，所以在学习的过程中，学生必须对其进行有效的监测和适时的调节。

（2）外显性和内隐性的有机统一

第一，从学习者的学习行为和认识的可视化角度出发，我们能够直观地看到学习者在学习中所运用的何种外在的行为，并加以监督，从而体现了其外在的显著特征。从学习的角度看，其控制的是大脑，通过内在的语言行为，控制和调整外在的行为，从而使其具备了内在特性。

第二，从认知的层面上来说，学生在一定时间内可以感知到学习的策略和对学习的全程监督，但是在一些特定的情境下，这种感知是无法察觉的，只能在学习行为发生了一些明显的无效或失误之后，再加以调整。所以，在意识层面上，学生的学习方法既有外在的，也有内在的。

（3）主动性和迁移性的有机统一

主动学习是在一定程度上适应学习内容、环境特征和学习环境的改变而实现的自我调整。从一定意义上说，学习策略是学生主动掌握、调节和监督自己的学习行为。主动学习的调控途径主要有两种：一种是通过学习策略来直接介入学生的认知行为，从而实现学习的目的；另一种是通过监督和调整学生的行为来实现教学效果。而学习策略的可变性是由学习者在特定的学习行为中提炼而成的一系列的规则体系，可以适应各种学习情况和学习环境。也就是说，从一定的学习情景中获取的学习策略可以使其在相似或不同的学习情景中得到更好的学习效果。

## （二）学习策略分类

### 1. 麦基奇的分类

麦基奇等人归纳了学习策略的构成要素。他们将学生的认知策略分为三个方面：认知策略、元认知策略与资源策略。认知策略是感知信息处理的一种方法，而元认知策略是控制信息处理的一种方法，资源策略是帮助学习者有效地利用现有的学习环境进行学习的方法。成功的学生运用上述的方法来帮助自己适应环境，调整环境，以适应自身的学习需要。

### 2. 丹瑟洛的分类

丹瑟洛和其他学者把学习作为一种复杂的活动体系，它包含着许多相互联系的活动。在学习的过程中，学生的认识行为起着至关重要的作用，但是适当的认知氛围也是影响学生认知行为的重要因素。这样的策略可以分成两种：主策略体系和辅策略体系。主策略体系是在学生的认知活动中使用的，它是主要的教学手段。辅策略体系主要是为了让学习者在教学中建立适当的认知氛围，保持适当的心理取向，从而确保教学目标的实现。

### 3. 沃克斯福德的分类

沃克斯福德相信，学习策略包括以下五个层次：元认知策略，该策略用以帮助学生规划、管理和评估学习的方法；情绪策略，该策略用以提升学生的学习兴趣和心态，比如给予积极的激励和回馈；社会策略，该策略是一种旨在加强学生间协作的策略，一是提升学习的兴趣，二是通过协作的方式提升学生的理解力；记忆与认知策略，该策略是加强记忆与思维的策略；补偿策略，该策略是以弥补式的交流来协助学生解决学习上的欠缺。

4．皮连生的分类

皮连生提出，可以根据学习过程中的信息处理模式对学习策略进行归类，即：学生要对外部的资讯有所关注，要把资讯暂存于短期记忆中；要积极地激活已有的旧知识，在新的知识与旧的知识之间建立关联；把新的知识储存在长期的记忆中，以备将来运用。

根据这些策略，可以将学生的学习方法分为以下两种：一种是提高短期记忆能力的策略，如复述、记笔记、将输入的资料组合起来，以及增进新的资讯之间的关系的战略，剖析学习资料的内部逻辑性与组织性；另一种是建立新知识与旧知识关系的策略，寻找新知识与旧知识的相似性、运用新的知识来诠释新的范例，以及推广新知识的长期储存策略，如记忆、双重编码、提高加工水平等。

5．张大均的分类

张大均按照学习的各个阶段将学习策略划分为三种类型：学习准备策略、课堂学习策略、课外强化策略。学习准备策略主要有：学习计划策略、心理准备策略、课前预习策略；课堂学习策略包括陈述性知识学习策略、程序性知识学习策略与听课策略；课外强化策略具体包括课后复习的策略和反思的策略。每一种具体策略又包括一些下位的策略，如“听课策略”又包含选择性注意策略、自我调控策略与学习资源管理策略等。

## （三）学习策略的发展差异研究

学习策略是学习者在学习过程中运用的一种手段、方法和控制技巧，其发展程度和特征也各不相同，发展差异也比较显著。在学习策略发展上存在着年龄的差异，以及在不同的学生中所表现出的水平差异。

1．学习策略发展的年龄差异

米勒认为，策略运用缺陷现象是普遍存在的，是学生策略发展过程中的必要环节。策略的发展可以分为四个阶段：第一阶段为不能使用策略阶段，即学生根本不会使用策略。它包括两种情形：一是自发使用策略，二是在他人要求或暗示下使用某一策略。第二阶段为部分使用或使用策略的某一变式，即有些场合学生会使用策略，有些场合学生不会使用。第三阶段为完全使用但不受益阶段，这一阶段学生能够在各种场合使用某一策略，但策略的使用并没有提高成绩，这一阶段的典型特点是出现策略运用缺陷现象。第四阶段为使用且受益阶段，该阶段学生能够使用策略，并且这一策略的使用还会促进成绩和策略有效性的提高。

席格勒的研究发现，在获得策略的早期阶段，学生多使用单一的策略；当学生的作业从非技能性向技能性过渡时，策略运用的多重性就表现得特别明显了。

#### 2. 学习策略发展的水平差异

在掌握和运用学习策略方面，不同能力层次的学生也有很大的差异。这主要表现在以下两个方面：一方面，有学习障碍的学习者策略不足，无法抑制无用信息的输入，无法进行有效的选择，不能恰当地运用代码策略，无法自主地提出问题的解决策略，无法对使用策略进行评估；另一方面，低水平的学生，因为缺乏相关的经验，很难掌握和运用高级的复杂策略，而中等或较高水平的学生，在较高的教学策略下更易获取和获益。

结果表明，学生的学习策略不但在频率上有所差别，在教学中也表现出一定的差异。通过对数学成绩优、中、差学生学习中的元认知监测分析，发现优、中、差学生的元认知监测差异是最显著的。高水平的学习者在评估与抉择方面表现出较强的优势，也就是能够更好地监督自己的学习过程，并且能够更好地进行学习。通过对比分析发现，元认知是提高学习者的学习策略的重要手段。

### （四）掌握学习策略的重要性

#### 1. 掌握学习策略是学会学习的要求

联合国教科文组织的教育发展理事会成员埃德加富尔写了一篇《学会生存》，他说："将来的文盲已经不能算是一个不认识字的人了，而是没有学会如何去学习的人。"在当今社会，学习是每一个人所必须具备的能力，而在这个时代，个人所面对的社会条件也日益复杂化，终身学习的压力也日益增大。因此，学习是当今时代对学习者的一种必要需求。我们的教学也要将策略教学作为重要目标，希望可以做到"教是为了不教"。

#### 2. 掌握学习策略是开展主体性学习的需要

在教学中，学生主体性体现在发展和学习两个部分。从发展的观点看，学生就是教师教育的对象，要达到教育的目的，就需要教师对教学目标正确认识，并能主动地去学。在学习的进程中，学生是主体，他们的主动参与是确保学习目的得以达成的根本。只有在积极的学习过程中，学生积极地理解知识，并积极地得到教师的引导和协助，才可以获得自身的发展。由此我们可以看出，无论是主体的发展，还是主体的学习，都与学习者的学习策略息息相关。

3. 学习策略的掌握能够有效提高学习的质量

在许多因素的作用下，学生的学习策略是实现有效学习最主要的因素之一。在教学过程中，学生的学习行为与认识行为都与其相关。因此，在教学过程中，学生的学习策略往往会提高学生的学习效率，使其得到提升。虽然从理论上讲，每一个人都可以在一定的范围内对学习资料进行学习，但是学习的效果取决于学习的策略。所以，正确地把握好学习策略，可以有效地提高学生的学习效率，减轻他们的学业压力。

## 二、学习策略训练

### （一）学习策略的训练原则

1. 主体性原则

主体性原则就是通过学习策略，使学习者的主观能动性得到最大程度的运用。学习主体不仅是学习策略培训的目标，而且是学习方法培训的目标。当学习目标、过程和方法都由别人来完成，学习成效由别人来评判时，学习也就没有意义了。所以，在训练过程中，教师要把策略的目标和原则告诉学生，让他们理解思考。在此基础上，教会他们在何时、何地、为何使用策略，让他们有机会全面地使用策略，并引导他们对策略使用的过程和结果进行分析和思考，从而达到更好监督的目的。

2. 内化原则

内化原则是通过对不同的教学方法进行持续的练习，使之逐渐转化为自身的学习技能，并能够适应新的环境而灵活地运用。内化学习要求学生将所学到的新方法与脑海中关于学习的策略相结合，并能够运用自如，从而产生新的理解和新的技能。

3. 特定性原则

学习策略必须根据学习目的和学生的种类来制定相应的学习战略。不同年龄、不同水平的学生，使用相同的策略，会有不同的结果。所以，在教学过程中，教师要根据学生的发展程度来选择最有效的教学方法，要充分考虑到教学中学生的不同水平，为学生设计不同的教学策略，既要有通用的教学方法，又要有专门的教学方法。

4. 生成原则

生成原则是学生在运用学习策略的基础上，对学习内容进行再处理，产生新的内容。要让一项学习策略奏效，就必须进行深层的心理处理。对学生而言，生成程度较高的教学方法有：为他人撰写简介、询问他人问题、列出大纲、说明重点、讲解教学内容。生成性较差的策略是没有抓住重点，只列出表面的总结，这些都不利于学业的完成。

5. 自我监控原则

自我监控原则是指学生应该知道什么时候、怎样使用自己的学习策略，并且能够对自己的学习策略进行反省和描绘。

6. 个人自我效能感原则

个人自我效能感原则是指教师给予学生一定的时间，让他们感受到学习的效果和运用这些方法产生的效果。即使知道如何使用，却不愿意使用，也无法提高整体的教学效果。那些有能力使用这些策略的人相信，使用它们将会对他们的绩效产生很大影响。教师要给学生足够的时间来体会这种教学方式的作用。在教育过程中，教师要注重激励，使学生真正体会到付出与收获的意义。

## （二）学习策略训练的方法

1. 指导教学模式

指导型教学与常规讲授方式相似，由激发、练习、讲演、反馈和迁移组成。在课堂上，教师首先向学生讲解所选择策略的具体过程及情况，并在实际运用过程中持续给予建议，使学生能够用语言描述并清楚地说明所运用的每个操作过程，并汇报运用策略时的想法，反复练习，可以增强学生的认知、理解和保持能力。同时，根据不同的教学策略，教师选取了大量合适的实例，以便于他们对教学的理解和运用。教学实例要根据学习者的认知层次，从简单到复杂，将学习方法的运用从单一的学习策略发展到运用多个不同的教学策略，最终达到综合运用的目的。

2. 程序化训练模式

程序化训练是把一些基础技能，例如解题、阅读和记忆等，分成几个有组织的小的阶段，并在适当的限度之内，把它们当作一个既定的过程，通过不断的实践，从而变成一个自动化的过程。

程序化训练的主要方法是：把一个特定的技能按照相关的原则划分为可执行的、易操作的、可操作的过程，并且用精简的词来标记每个过程的含义。例如阅读策略包含预览、阅读、提问、背诵、反思、复习六个步骤。教师要让学生按照自己的方式来完成这些过程，让他们自己去做，然后不断地练习，直到将这一过程变成一个自动化的过程。

### 3. 完形训练模式

完形训练是指通过对教学方法的直接解释，给出各种形式的完整教材，鼓励学生去操练某个部分，再逐渐地降低完整程度，直到全部内容和程序都是由学生自己来完成。完形式练习最大的优势就是可以让学生对每个要素和步骤都有所关注，并且每个阶段所需要的练习都是学生所能完成的，最关键的是，每个阶段的练习都会让学生对整个策略的运用有一个全面的认识。

### 4. 交互式教学模式

交互式教学的目的是让学习不好的学生能够更好地进行阅读。交互式教学主要是培养四个学习方法：概括，即概括出段落内容；问题，即提出相关问题；解惑，即阐明题目；预测，即预测接下来的内容会出现什么。教师作为促进和组织的角色，为他们提供了必要的协助。有调查显示，采用该方法可以改善落后学生的学习效果。

### 5. 合作学习模式

很多学生都会在与其他学生就阅读和听说的内容进行交流时受益良多。有些人在做了一些试验后，把这种学习方式标准化了，叫作“合作性讲解”。在这样的教学模式中，两名学生分成一队，一节一节地互相给对方归纳，由一位学生负责汇总，并改正其中的疏漏。接下来，两位学生轮流扮演不同的人物，直至学习完毕。一组有关此种教学方式的调查显示，用这样的方式来学习和维持，要远胜于单独的归纳和阅读。有趣的是，两名参加合作讲解的人都可以从中获益。演讲人的收益要大于听者。

在实践中，无论教师采取何种教学策略，都必须与学科的知识相联系。有学者提出，学习策略的认识并非独立存在，没有专业技能是不行的。专业知识是运用好教学策略的先决条件，如果只进行简单的培训，很可能会造成形式性的偏移，从而影响到学生的学习策略，所以教师要善于不断地摸索和完善自己的教学方法。

# 第三节　问题解决与创造力

## 一、问题解决与创造

### （一）问题及对策

#### 1. 问题

问题就是困难，也就是“难题”，是一个人无法用现有的知识和经验去解决的情况。这与课堂里的问题是不一样的。课堂上的问题，是对已学到的知识的复述，在现有的经验和记忆的基础上，可以马上回答。比如，“小小月儿也长嘴，嘴儿却往头上飞”，就是一个字谜。如果你之前没有见过，或者不知道它的答案，那么问题就来了。

根据现代心理学的观点，问题是在特定的情况下，必须要克服的特定的条件。尽管这些问题五花八门，从决定晚上吃什么、放假看电影还是跳舞，到制定学习计划、科学家发明等，都是问题。所以，我们面对的问题，不管从性质上，还是从难度上来说，都有很大不同。解决一个数学问题与处理一个复杂的关系是截然不同的，而决定午餐的饮食和制定一个重大的计划之间有着很大的区别。因为某些问题的复杂性和多样性，人们很难对其做出准确的界定，不过心理学家对下列问题的观点大致相同：

第一，问题始于问题情景。问题情景是指当用以前的方式或方法无法达成目标时，使人产生不安的状况。问题的情况并不是问题本身，而是问题的一种模糊状态，或一种“预问题”。真正的问题，只能通过对问题情景进行识别和分析。

第二，障碍是问题的基本特征。有困难就有障碍，困难多了，障碍就多了，没有什么障碍的问题是没有的。困难会让人困惑，困惑产生了问题。但是，问题本身并非客观上的阻碍，而是来自那些遭遇困难的个人。它总是以某种形式被理解和表达出来。一方面，问题可以被其他人提出；另一方面，问题的解决者也可以提出。正确的理解和表达问题是解决问题的首要步骤。

第三，在结构上，现代认知心理学认为问题包含三个要素：一是特定的要素。一套有关问题状况的说明，也就是问题的开始状况；二是对问题的结果的说明，也就是问题的目的状况；三是阻碍因素。从问题的起点到问题的目的和每一步的状态。问题的解决过程本质上是建立条件与目的的桥梁，跨越障碍，使其从初始状态向目的状态转变。

2. 解决问题

问题的解决是由特定的问题情景产生的，需要通过一系列的认知操作来解决。虽然问题的难度和领域的不同，解决问题的过程也有区别，但是不管是什么领域，什么情况，都有一些共性。问题解决过程的共性主要体现在以下几个方面：

（1）问题情景

问题情景，指的是眼前的、不能理解的、不能解决的局面。它激励着人们进行主动的思考，通过一系列的认知技巧来寻求答案和解决问题。问题的解决就是新问题的解决，也就是被解决的问题是第一次碰到。不是一次，而是第二次，第三次，甚至更多的时候，这已经不能算是问题了，而是一种练习。

（2）目标导向

问题解决是一种自觉的、目标明确的行动，而且总是要达到一个具体的目标。比如，人们通过猜谜语来解答问题，其目标就是要找到答案。如果没有明确的目标，就不能称为“问题解决”。学生为获得知识而进行的问题解答，虽然不是针对实际问题，但也是以心理发展和问题解决为目的。在解题过程中积累的先进法则，储存在学生们的“知识宝库”里，当他们遇到类似的情况时，可以通过记忆来解答，而不是把它们当成“问题”。

（3）作业顺序

解决问题涉及一系列的思维活动，并要求使用一套先进的法则。在此过程中，还必须对现有的相关信息进行一系列的认知处理，而不仅仅是单纯的复制。比如，猜“日落香残，洗尽凡人心”，首先要想到的是，“日落香残”是指“香”中去掉“日”，“香”中无“日”，“香”就是残缺的；而“洗尽凡心”，则是把“凡”从中间切掉，变成“几”，两者又合并成“秃”。显然，想要解开这个谜语，还得靠着自己的大脑。这些只需要简单地提取出一个心理活动的步骤，比如回顾一个历史事件的时间，尽管目标很明确，但并不能称之为“问题解决”。

（4）认知操作

问题解决的过程中，需要有一定的认知因素，而这些因素的作用是通过一系列的认知行为来实现的。一些活动，例如操纵设备等，虽然也具有一定的目的性，并包含一系列的操作行为，但这些活动的主体并不具有可操作性，因此不能被归入问题解决。在解决问题时，要将所学到的简单法则（包括概念）重新组织起来，找到适合解决目前问题的方法。所以，原来学到的那些简单的法则，就成了问题解决的材料。

问题解决分为两种：常规问题的解决和创新问题的解决。前者是指一个已知的问题，而后者则是一个没有固定答案的问题，要想顺利地解决，必须找到新的方法，新的步骤，甚至创造新的条件。各种技术发明、技术革新和科技发明都是解决创新问题的范例。

## （二）创造和创造力的类别

### 1. 创造

创造是指创建、造就和生产等。亚里士多德在希腊时代就把“创造”界定为“创造了史无前例的东西”，这个东西不仅包含灵性，而且还包含在物理层面。然而，在心理学上，创造这个概念并没有一个统一的、准确的定义。有些人注重创造的主观，有些人注重创造的目的，有些人注重创造的过程，有些人注重创造的结果，有些人注重创造的认识风格，有些人则注重创造的动机和个性，有些人采用数者兼顾的方法来界定创造。

虽然心理学家对创造有多种理解，但随着对创新的理论探索与试验的不断深化，近年来，人们对创造的认知呈现出越来越趋于一致的倾向。当谈到创造的时候，心理学家通常会考虑两个方面：新颖和适用。

从新颖的角度来看，创造一定是“新”的。“新”有两种，一种是在旧的基础上进行改进和革新，比如，由工厂的技术人员对传统的工艺进行优缺点的分析，从而弥补现有的缺点，增加新的优点，提高生产率，这就是所谓的“推陈出新”。另一种是不依靠现有的旧东西，而是通过创新而产生新的东西，比如爱因斯坦，他在一把椅子上，突然想起了没有椅子支撑的人会怎样。他用一个“前所未有”的思维试验，提出了著名的相对论。

从适用性的角度考虑创造，我们认为，创造的产品一定要实用。精神病患者也会有很多普通人没有的想法，但因为没有实际意义，所以不能称之为创造。创造可以分为两个层面，即个体层面和社会层面。所谓“个人创造”，就是指创造出一种能帮助人们解决问题、为自己服务的产品，而“有社会价值”的创造，它能促进社会的发展，对人类的文明和进步都有重要的影响。

### 2. 创造力的类别

了解创造力的类别，可以帮助我们更深入、更精确地理解创造，并能精确掌握人们在谈论创造时所指的创造。

（1）真实和类似的创造力

创造力的主要特点之一是创新，但这种创新是相对的，因为一件东西从来没有在人类的历史上出现过，它就是真正的发明，而类创造，它是一种创造性的产物，尽管它在人类的历史上并不是第一次被发明，而是出现在个体或者更小的团体中。真实的创造和类创造的不同之处在于，一个产品的价值是否基于个体或社会历史的尺度。

（2）显性和隐性的创造力

创造是每个人都有的潜能，但不是所有的人都能发挥出来，而是把它转化成一种能力。这意味着，如果要评价一个人的创造力，我们通常会根据他所创造的作品的创造性程度来衡量他的创造力。但这并不表示，没有创新的行为，没有创新的产品，就不能创造。有没有创造性，并不能完全根据创造的表现来判定。创造不代表就能产出新的产品。生产的产物（包括思想和物质）不仅依赖于个人的质量，而且还依赖于相应的知识、技能以及普遍的智力和性格，这些都是促使创新活动得以顺利进行的因素。只有当各种情况都满足后，个体的创造性才能转变为创造性成果。所以，创造性的存在既有明又有暗的区别。隐性创造是以一种能够使受试者产生创造产品的思维能力的方式出现，而显性创造则是将潜在的可能性转变成实体，从而反映出受试者的创造性。

如果把创造力看成是一种基本的形式，那么我们就可以很好地了解，为什么有些人在工作和学习方面都有很大的创造力，而有些人的创造力则比较薄弱，这也可以解释为什么有些人的创造力会随着时间的推移而变得不同。在此基础上，我们应该加强对人的创造性潜能的挖掘和创新能力的培养，使更多的人能够发挥出最大的创新潜能，为自己、为社会服务。

（3）科学、社会和艺术的创造力

在创造力的表现领域上，创造可以分为：科技创造、人文社会创造、艺术创造。

科学创造可以分为科学发现和科技发明两大类。科学发现的目的在于探索未知的事物，揭示自然的规律，所得到的产品是新的理论和成果，而科技发明则是把科学发现（即自然规律）运用到技术实践中去，从而直接满足社会的需要。因此，人们通常把“科学发现”称为基础研究，“科技发明”是应用研究的结果。比如爱因斯坦发现了相对论，牛顿发现了万有引力，居里夫人发现了镭，门捷列夫发现了元素周期表，爱迪生发明了电灯，张衡发明了地动仪，诺贝尔发明了炸药，莱特兄弟发明了飞机。

人文社会领域的创造，体现在哲学、经济学、政治、法律等人文社会学科。而提出一种标准化的测试方法，并建立社会保险体系，这些都是具有高度创造性的社会创造性的结果。

艺术创造是从文艺方面表现出来的，它通过新颖、独特的故事情节和人物形象来表现作家对社会的深刻理解和思想感情。艺术创造的表达可以分为思想内涵、人物形象、艺术形式、风格、技法等层面。比如英国莎士比亚的悲剧创作方式与手法，至今仍然深深地影响着当代悲剧的创作。当然，这并不是说艺术风格、形式、技巧都是一成不变的，而是随着时代和科技的发展而不断地发展，只是与之相比，这种改变的幅度要小得多。与之相对应的是，随着时代的变迁，人们的思想观念、生活理想也会随之发生较大改变。

### （三）创造力与问题解决的关系

#### 1. 创造力和问题解决方法的共同点

问题解决和创造力之间有着紧密的联系，它们往往存在着相互包容、渗透、不可分割的联系。工程设计、科学理论、文学戏剧的创造，乃至对青少年的全面发展的教育，都是在解决一些常规或根本性的问题。事实上，创造是一种特殊的解决问题的方法。一个重大问题的解决和创造力的发展，都是在同样的认知过程中进行的。通常，我们所考虑的问题，并不在于随意行动，而在于目标。要想使这些问题得到圆满的解决，就需要在创新能力的培养上下功夫。解决问题和创造力之间的紧密联系可以从两个角度来理解：

（1）创造力和解决问题的方法大体是一样的

在更大的问题的解决上，问题的解决方式和创造力的表现情况是类似的。一些心理学家相信，虽然问题的类型很多，但也有相同的方法。从感知到问题的存在，到提出一个解决方案的设想，到最后的证实，这中间所经过的各个阶段或步骤都是大致相同的。

（2）创造力和解决问题有着同样的心理机理

创造力和问题的解决都要求从现有的条件到目的的转变，这就要求把原先不相干的各种抽象概念和实体要素连接起来。对于一些不能用传统方法来解决的特定问题，也需要一个"分歧"或者"异化"的过程，从而使问题得以解决，而问题的解决也可以成为创造的结果。吉尔福特在智力理论中，把创造性和罗斯曼问题的七个步骤一一对应起来。他主张创造强调发散性思考，因而能产生独到的见解，强调通过转化的作用来重构旧有的想法，以创造出新的创造。这是创造和问题的解决之道。发散思维和转化行为是所有新思想的源泉，通过这两种思想在思想活动中的作用，可以判断创造方案能否成功，也可以判断问题能否得到完美的解决。

#### 2. 创造力与问题解决的差异

（1）创造力是解决问题的先进体现

解决问题是一项较高层次的研究活动。创造力是解决问题的最佳方式，是一种新颖、独特的解决方案。

鲁宾孙和奥苏伯尔将有意义的学习分为六个等级：代表性学习、命题学习、概念学习、应用、解决问题和创新。奥苏伯尔和鲁宾孙展示了应用、解决问题和创新的联系。

在奥苏伯尔与鲁宾孙的理论基础上，将所学到的理论应用到新的环境中，并不能解决问题，而是单纯的应用。只有把已学到的命题转换成新的方法，才能使问题得到解决，而这些问题的处理是在没有经过实践的情况下，在特定的战略引导下，形成新的问题。

（2）创造力和解决问题相互影响，但并不完全相同

从上述的分析可以看出，创造力和解决问题的基本思路是相同的，也就是说，创造力必须通过问题的解决才能体现，而并非一切问题的解决都是创造性的。创造力不只是问题的解答，而是问题的发现与提问。另外，有时候，在创造力中提出问题的重要性要大于解决问题的重要性，所以两者并不是完全相同的。因为创造与问题的解决存在着许多相似性，而创造力是解决问题的最高境界，所以我们可以在解决问题的过程研究中，发现其本质和规律，并以此来促进创造性的发展。

## 二、解决问题的能力

由于各种因素的影响，解决问题的能力也各不相同。然而，经过有意识的训练，解决问题的能力可以得到改善。在提高学生解决问题的能力时，我们必须从以下几个方面着手。

### （一）综合提高学生的专业技能

在具体的领域中，拥有大量的专业技术是最关键的条件。在教学中，教师要注重引导学生尽快、系统地学习所学的内容。教师在教授一种特定的学科知识之前，要对所学的内容进行深入、细致的思考、筛选和组织，然后有计划地、有针对性地、系统地把这些知识传授给学生。此外，在教授专业知识时，教师在强调说明性知识的同时，也要重视程序和策略知识的培养。

大量的相关研究显示，在学习过程中，程序知识的获取与使用对于提高问题解决能力具有重要意义。所以，当你说出“是什么”的时候，要把“怎样做”与“为什么”等问题都讲清楚。如果没有足够的知识，在面对新的问题时，学生们就会手足无措。那么，如何有效地凸显程序知识在课堂教学中的作用?

第一，在教材的编排上，要注重突出思想方法的展示与训练。从陈述性知识的观点来看，这两种公式的内涵往往是不同的，但它们在更深层次的结构上却有着相似之处，两者结合起来，可以更好地帮助学生了解和掌握这种公式。

第二，教师讲授知识时要注意程序知识的地位。教师在讲授基础知识的同时，也应注重展示解题思路，训练学生掌握思维方法，灵活运用类推、逆推、反证等方法解决问题。莱德瑞克森总结出了六条具体的解决问题的方法：一是全面传授问题的信息，不能忽视程序知识的传授；二是确定问题的类型和最有效的信息；三是处理信息，寻找问题的各个部

分之间的联系；四是对解决问题的不同假设提出相应的解决办法；五是把解决问题的程序和程序的有效标准结合起来；六是在检查成绩的时候，要有意识地考察这些知识，尽量减少死记硬背公式的内容。

在教学方法方面，奥苏伯尔等人的研究显示，积极的接受式学习、引导式的发现式学习、自动问题的解决，以及对特定科目的意义的分析与批判，都会极大地促进问题解决技巧的提升。将专业知识与问题解决技巧相结合，也会有更好的效果。在教学过程中，教师要注意的是：要注重词汇的精确界定，要注重对要领的不同表述，要使学生具有批判的科学态度，并鼓励他们用自己的语言去解释不同的观点，诸如此类。

### （二）培养普遍的思想方法

在一定程度上，掌握了基本的问题解决方法，可以帮助人们提高问题的解题水平。在教学过程中，通过传授一些常见的解题方式，可以提高学生的解题水平。由德克劳斯与哈瑞顿进行的一项对比研究显示，在高年级的学生中，经过问题解决与监视的训练，他们的表现要好于没有进行这种培训的对照组。同时，把问题解决训练和元认知训练、自学能力训练相结合，会使问题解决训练的成效更为显著。运用思维战略的训练，主要是为了培养学生的思维方式和技能，从而使他们的思维能力得到提高。

结果显示，学生在学习过程中所掌握的问题解决技巧，会随着学习策略的使用而不断地发展和提升。这些战略包括：提出非同一般的观点、转变解决问题的心态、从不同的视角去看待问题、抓住问题的要害、关注与问题相关的情况、在必要的时候采取最好的措施。实践表明，采用这种方法，必须经过长时间的训练，才能有效地提高学生的解题能力。通过短期培训来提升解决问题的特定思维能力，远没有达到预期的效果。

### （三）用足够的时间找出问题

如前所述，问题的发现与辨识是问题求解中最困难、最具挑战的一个步骤，它要求你有足够的耐心与创意。因此，在教学过程中，教师要注重培养学生发现问题的能力，使他们了解问题的来源和与其他知识之间的关系，从而更好地认识问题。美国知名的问题解决学者瑞夫说：将人类的知识按照层级进行组织，能够极大地提高问题解决的能力。只有重视问题与现有知识、问题与问题的关系，才能提高问题的解决能力；而对问题的孤立、片面地研究，往往会造成“管中窥豹”的偏颇。所以，在教学中，教师要把问题的全部经过说清楚，然后再进行扩展，这样才能让学生在开始解决问题前，正确地认识到问题的各种条件、要求以及它们之间的内在关系，从而提高问题的处理效率和质量。

### （四）启发式问题解决的策略

启发性学习是一种常见的解题思维方式。由于启发式学习策略具有广泛的应用范围，能够将其转换成特定的主题思考方式，从而大大提高问题的求解效率。最常用的试探性战略包括：

#### 1. 方法—目标分析法

方法—目标分析法是最常见和最常用的方法。方法—目标分析法是把目标状态划分成若干个小的子目标，然后逐级地完成各个子目标，从而达到问题的求解。这些步骤包括建立一个目标，把问题分成若干个小的问题，并对每个步骤的运作进行评估，并适时地做出调整。比如，让学生在指定的时间里写一篇文章，首先要确定学生的学习目的，也就是找到自己想要表达的观点；然后，把这个问题分成一些小问题，比如引言、比较论证、总结等等；最后，要按照第二个阶段的分解，通过不断地反馈和修正，完成文章的写作。

#### 2. 反向推理法

反向推理法，又称回溯法，是从对象开始，通过反向推理来解决问题。运用反推方法，通过对问题或目的的验证，找到所需的条件，可以轻松地解决问题。

#### 3. 联想法

联想法就是通过对目前提出的问题进行全面的联系，从而使问题得以解决。联想法是指在大脑中充分调动现有的经验，让以前的问题和思想能够为当前问题的解决提供一个范例或暗示。它是一个具有广泛应用的启发式战略，并且能够被转换成特定的主题。具体而言，联想法包含因果联想、相似联想、对比联想、接近联想等。在运用联想方法的时候，要注意从根本上考虑以前问题与目前问题之间的相似性，而不要被表象所迷惑。

#### 4. 精简计划法

精简计划法，就是在问题的基本结构上，把问题抽象为一种比较简单的方法，从一个简单的问题开始，到更深层次地去寻求一个完整的问题。该方法可以帮助解题人员准确把握问题的实质，加快问题求解的速度和精确度。采用简单化规划方法，既可以确保质量，又可以加快进度。

显然，问题解决能力的培养是一个长期而艰巨的任务，问题解决能力的培养不仅要注重对学生的课堂知识的掌握，而且要注重对特定学科问题的逻辑推理策略的学习，以及如何有效地解决问题的基本原理和基本原则。另外，要认识到，问题解决能力的培养是不能仓促的，要经过长期的整体训练，才能逐渐提高。当然，在解决问题时要有耐力和毅力。

“创新教学”已成为我国高校的一个重要教学目标。基于上述的创造力理论，结合现有的有关创造力的研究，这里提出了基于上述问题解决能力的几个培养方法。

## 三、创造力的培养方式

### （一）营造良好的社会氛围

#### 1. 保证学生的自由和安全感

1959年，罗杰斯提出了“心理上的安全和自由”。他相信，这是两个最基本的条件，使人们能够进行创造性的活动。通常，那些有高度创造性的人，往往会有一种与传统文化模式背道而驰的趋势，只要得到社会的宽容和大力的支持，那些富有创造性的人，就会觉得自己的精神得到了保障，并得到了极大的解放。在这样的社会和文化环境下，创造性的学生将不会有脱离常规模式的危险，也就没有必要对自己的创新意识进行保护。要实现这一目标，需要家庭、学校、社会三方面的共同努力，营造一个和谐的社会氛围。不管是教师或父母，都应该重视孩子的创造力，支持他们以不同的方式来了解事物，宽容他们对权威和专业人士的质疑，并且利用特殊的方法来培养他们的创造力。

#### 2. 留有余力地学习

为了达到最好的教学效果，必须充分激发学生的学习热情，让他们有足够的时间去思考，这样才能让他们在积极的活动中快速、准确地完成任务。那么，怎样才能真正地做到“留有余力地学习”？这就需要教师给予学生更多的自由，发挥和创造一个轻松的学习氛围。在教学内容上，要给予学生充分的自由选择空间；在教学内容上，要重视学生的自主选择；重视综合素质的培养，包括抽象逻辑和具体的形象思维；鼓励自主创新，在自主探究的学习活动中，鼓励学生提出自己的见解，并给予正面的指导。

#### 3. 使学生充分发挥创造力

教师作为学生的成长与发展的指导者，既有传授知识、培养技能的职责，又是培养学生创新能力的关键。教师是促进学生创新能力发展的重要因素。在培养学生创造性的前提下，教师应该因势利导，充分激发学生创造性思维，并在教学过程中创造出有利于学生创造性发展的条件。特别是，教师应该注意下列问题：

（1）提出条件。在培养学生的创造性的过程中，要注重培养学生的创造力，要充分发挥学生的创造性思维能力，千方百计地促使学生的动机、情绪、身体、人格及智力等各个方面综合发展。纯粹的创新教育，只是一种单方面的、畸形的教育，难以取得好的教育效果。

（2）传授学生所需的技术和技巧。所有创造性的活动都离不开技巧和技能的训练。在教学过程中，教师既要向学生传授相关的操作方法，又要使他们能够灵活地使用所学的知识和技能，并使他们能够创造性地运用所学到的技能。

（3）重视拓展思维的发展。在教学过程中，教师要尽量给学生提供一个问题的解法，设置难题，引导学生发散性思考，培养学生的创造性和思维能力。

（4）尊重学生的特殊问题。对学生所提出的观点，要给予足够的重视和鼓励，尊重和引导他们的思维方式。

（5）重视个人创新能力的培养。只有富有创造力的教师，才能培养富有创意的学生。教师要真正地体会和了解学生的创造性，找到恰当的培养方式。

### （二）创新个性的培养

就像之前所说的，创新个性对于创新能力来说是必不可少的。创新力只是给创新性的发展带来了潜在的可能，而创新性的发展只能通过与创新性的个性特点结合起来实现。在培养学生的创新个性方面，应注意下列问题。

#### 1. 好奇心的保护

好奇心和创新力的发展有很大的关系，并且两者有明显的正向关系。在对科学家的调查研究中，人们发现，好奇心不仅是创新的来源，而且是创新活动的主要推动力。因此，保护学生的好奇心，可以激发他们对创新活动的强烈兴趣，进而推进他们的创新性发展；反之，如果阻止或抑制了他们的好奇心，则阻碍了他们的创新性发展。

#### 2. 消除对错误的畏惧

害怕犯错是一种很大的障碍。学生由于害怕犯错，常常不敢做，因而错过了培养创新的机会。所以，在培养学生的能力的同时，要加强对学生的认识，消除他们对错误的畏惧，并鼓励他们大胆地去做一些尝试和冒险。

#### 3. 鼓励学生参与创意活动

与有创意的人交流，能激发学生去模仿学习，从而在不知不觉中被影响。无论是直接面对面的交流，还是通过听故事、看视频等间接的交流，都能提高他们的创新性。同时，教师要不断地发挥自己的表率作用，不断地发挥自己的创新性，从而真正地体会到创新的魅力，比如不断地完善教案设计，探索新的教学方式，丰富新的教学内容，这些都是对学生的一种很好的教育方式。

#### 4. 培养学生坚持不懈的精神

创新性的行为需要个人能忍受这种模糊不清的状态，这种状态不会得到任何的回馈，需要持之以恒。唯有坚持不懈，方能取得圆满的成果。所以，在培养和训练创新人才时，坚持是很关键的一环。在教学过程中，教师要自觉地安排学生做有一定难度、需要较强意志的工作，从而有效地增强他们的坚韧和毅力。

### （三）创新课程的设立

通过对创新课程的设立，可以有效地提高学生的创新能力。

#### 1. 拓展式思考课程

在创新能力的培养中，发散性思维是一种特殊的思维方式。所以，在教学大纲中开设“发散性思维”是一种特殊的教学方法。从内容上来说，它主要包括：使用扩展，也就是使学生尽可能地想象和描述某些物体的使用情况；结构扩展，是指学生尽可能多地想象使用某些结构的可能性，例如，在圆形上尽可能地增加线条，使之变成各种物体，再加以改变，使之变成娃娃的脸、太阳、靶子、锣等；形式扩展，就是学生尽可能地想象各种形式的可能性。如列举出有关红色的物品，诸如红花、红灯、红太阳等；方法扩展，就是学生尽可能地多想些解决问题的方法。如举出推的方法，比如，推门、推墙、推土等。

可以与不同的课程内容相结合，进行同一科目的教学，如艺术课、语文课、手工制作课等。而且，它还可以充分反映出学科的特点，使学生能够更好地了解所学的知识。例如，在历史课上，请学生尽量列举中国历史上有名的以少胜多的战役；在地理课上，要尽量列出世界上有名的石油生产国；在数学上，要求学生做一道多解的难题；在语文课上，鼓励学生们自由组合词汇，这样可以提高思维的灵活性和广度。拓展式思考课程不仅可以教授知识，还可以提高学生的发散性思维，提高课堂教学的趣味性。

#### 2. 自我设计课程

这种课程具有很大的弹性，包含了一般的设计与重点的设计。一般的设计可以在很短的时间内完成。例如，用一节课的时间来设计贺卡，用废旧的材料做一些小的玩具，这样就能让学生充分发挥自己的想象力和创新性。重要的设计要依据一个有一定社会价值的主题展开，并要求教师们细心地引导和协助。在教学过程中，既要充分考虑学生的学习兴趣、掌握的知识，又要注重在教学活动中培养学生的创新意识。

3. 创新课程

这门课程最早是美国的麦马克和其他同事共同设计的。这一过程分为三个阶段：一是激发学生的创新精神，二是让学生把自己当作发明者，三是让学生成为发明者。本课程以激励为出发点，逐步促进学生的创新性发展，是一种较为系统化的课程设置。

### （四）创新思维的培养

创新思维是创新能力的重要组成部分。培养学生的创新思维策略，培养他们的创新思维能力，对提高他们的创新能力具有重要意义，其具体发展战略包括：

1. 类比推理的方法

类比推理是一种基于两个物体之间的相似性，从而在其他方面也可以得出类似的结论。通过类推，能拓展思维，把陌生的事物变成熟悉的事物。有下列几种特定的类比推理方式：拟人化，把被创新的物体拟人化。以电脑为例，这是模拟人类大脑的一个例子。象征性比喻，把抽象的概念以特定的物质作为标记。这在绘画、雕塑、音乐等艺术创作中都有体现。仿生类推，仿照自然物体的特性而创作出新的东西。雷达、飞机等的发明，就是这种类比的例子。

2. 反面思维方法

反面思维法是从一个与现有的问题完全相反的观点去思考，从而有创意地寻找出一个答案。因为事物之间经常存在着因果关系，并且是可以逆转的，所以从不同的视角看待问题，可以让问题的解决取得突破。例如，我们在做四则加减乘除时，通常都是从最下端开始，但速算专家史丰则恰好相反，他使用了由上而下的计算方式，在没有计算工具的情况下，便能快速、高效地得到解答，有时甚至超过电脑。从反面看问题，常常能带来一些创新的结果。

3. 多路思考方法

多路思考是培养创新思维的一个重要途径，需要思考者从多个视角去看待问题，从而取得创新的结果。使用多重思考的关键是要打破我们的生活习惯，以一种不带偏见的态度来对待任何可能的问题。比如“九点图”，就是要打破思维定式，从多个角度去考虑问题，才能有创意地解决问题。

4. 综合使用多种思考方式

创新思维的一个重要特点就是要将各种不同的思考方式有机地结合起来，从而创新性地解决问题。这里的思维方式很多，有综合、转换、移植、重组、释放、分割、缩小等。灵活地利用这些思考方式，可以为创新的发展提供一条捷径。比如“曹冲称象”，就是用石头的重量来计算大象的重量；根据船只的设计理念，用来制作一艘巨大的轮船，这些就是最好的例子。在教学过程中，要注重培养学生综合利用各种思维机制，培养学生的创新思维能力。

# 第四章　心理学在教育改革中的作用

## 第一节　新形势下高校教育心理学改革路径

2015年，教育部正式启动了全国教师资格统考，也就是“国考”的师资考试改革，师范生毕业后，将不再享有教师资格证书，而非师范院校或专业的学生也可以通过“国考”取得教师资格证书。然而，不管是师范生，还是非师范学生，都应掌握教育心理学的基本知识，这是他们今后从事教师职业的必备素质。教育心理学考试在改革后，无论是内容还是形式上都有了很大的改变。为此，必须对教育心理学的改革进行深入的探讨，使其能够更好地适应新“国考”的要求，从而促进学校的教学质量提高。

### 一、教育心理学在大学中的应用

#### （一）课时限制，不能适应教育的需要

目前，大部分高校的教育心理学课程都是每学期24～32课时。然而，新“国考”的《学科知识与教学能力》《教育知识与能力》中包含了有关教育心理学的内容，涵盖了普通心理学、学习心理学、发展心理学、辅导基础和心理健康等多个方面。目前高校的课程安排已不能适应新一轮“国考”的教学要求。

由于课时紧张，教学任务繁重，许多教学内容往往是一带而过，不能进行深入的阐述，造成了教学效果的下降。

#### （二）教学内容不合理，不能适应学生的专业发展需要

在新的“国考”中，许多高校为了应对统考，提高考试的及格率，把教学心理学的教

学内容“框死”，有些高校干脆把往年的教师资格考试的试题改成了系统的教学，这就造成了许多学生对教育心理学的基本概念和基本理论理解不够透彻，难以把所学的教育心理学知识与教师的专业实践相结合，缺乏实践性，难以适应学生的专业发展需要。

### （三）教学手段单一，不能适应课程发展的需要

在教育心理学教学中，由于课时的限制，许多教师仍然采取“教师讲，学生听”的满堂灌教学模式。尽管在教育心理学中已经广泛使用了各种多媒体器材，有些教师制作的课件效果很好，但是其教学内容却限于课件，有的教师只是照本宣科，教学内容单调，课堂氛围不活跃，很难激发学生的学习热情，造成教学效果差。

### （四）教学评估方法不够完善，无法充分发挥其推动作用

目前，我国高校教育心理学的评价还比较单一，一些大学仍然把学生的考试成绩作为衡量学生学习能力的重要手段。尽管一些大学已认识到过程性评估的重要性和必要性，但是在日常工作中，注重学生的出勤率和作业完成情况，却忽视了学生的心理、情感、态度和价值认同。在学习教育心理学时，学生对教育心理学普遍存在着“可有可无”的思想，很难真正地发挥出学习的鞭策和促进作用。

## 二、高校教育心理学的变革

### （一）强调教学的内涵

在教育心理学的内容方面，主要包括学生心理、教师心理、教学心理、学习心理等方面的知识。在教师心理上，从教师的角色出发，着重于教师专业发展、心理健康等知识，着重于讲解弗洛伊德、皮亚杰、埃里克森、维果斯基等人的理论，强调个体差异教学；学习心理则强调学习动机、学习理论、学习策略、学习迁移、知识建构、道德修养、技能培养等方面。另外，从教育心理学的角度来看，应该从课堂管理、学习评价、测度等方面综合考虑。在课程内容上，应从整体的角度，形成一个系统化的知识结构。

### （二）强调课时的适度

在“国考”的大背景下，高校应该重视课程设置的科学性和适度性，既要考虑应用型人才的培养目标，又要做到“标准”和教育心理学课程内容的统一。因此，在教学过程中，教师要注重掌握学生的学情、个性化的学习需要，并根据教学内容的整体、人本理

念，合理安排教学时间，提高教学质量。

### （三）强调教学方式的先进性

随着现代教育技术与手段的不断更新，教育心理学教学模式不断地更新与发展，智慧教学、翻转课堂、慕课等教学方法无法真正融入教学实践中去，要求教师围绕学科引入最新的教育教学技术，在课程教学形式上引入国内外先进工具，体现课程教学形式的前沿性，确保教育的手段和形式能契合时代教育改革需求。

## 三、高校心理教育在新形势下的教学改革

### （一）适当增加教学时间

从目前我国高等师范院校的教育专业人才培养模式来看，普遍存在着强调专业知识传授而忽视教育基础理论知识的现象。为此，为了满足师范生和非师范生的“国考”需要，高校要结合自身实际，适当地调整教育心理学课程的时间，提高其教学质量。

在教学过程中，增加了研究型教学时间，让学生把所学的理论运用到实际操作中，培养学生自主思考的能力，具体可以采取以下措施：

1. 在教学时间的安排上，要以自发、自主的形式组织学生组成研究组，指导学生根据学科的不同设置研究主题，然后由师生讨论研究时间。在完成为期数个星期的调查后，每一组都会按照课程安排，展示自己的选择方案，而其他学生会提出问题，教师会在一旁给予建议，最后制定调查方案。

2. 教师可以根据调研方案安排学生参加教学实习，由各小组通过实地考察的方式来完成教学实习。在研究的具体内容方面，可以从课堂差异、学习动机、习惯、课堂参与等方面进行探讨。

3. 各研究小组就其在教育心理学中的实际应用情况、规范进行分析，以判定其能否实现其预期目的。在教学过程中，增加了理论与研究课程，使学生更好地了解教育心理学研究的一般方法和流程，使他们在调查与研究的过程中，不断地巩固认识，提升自己的知识和能力，使之与“国考”的要求相适应。

### （二）强化教学内容的实效性，重建教材系统

在新的时代背景下，大学教育心理学的课程内容要以“国考”为基础，以提高教师的专业实践能力为切入点和落脚点，立足学生现有的知识经验水平，根据教师资格证考试大

纲，重构教育心理学课程内容。

1. 对基础心理学导论进行精简。在导论中，我们应该着重介绍心理学的研究方法，但是要适度地减少对大脑和神经系统的解释。而心理学的相关概念、理论的发展历程、机制等，就不需要详细地说明了。

2. 将学生心理健康、教师心理健康与发展心理学等方面的内容结合起来。针对基础教育的实际需求，着重介绍青少年的身心发展特点、如何培养积极的情感等相关内容，并在此基础上增加了“问题学生”的心理识别和诊断要点，以及增加特殊学生的综合培养、“问题学生”的识别和干预、感统失调的心理辅导、积极心理塑造等专业的选修课。

3. 对课外作业的设置进行了改革。教育心理学课后作业要转变过去单纯强调概念性的测验方法，从新时期基础教育教学现状和青少年学生心理健康的角度出发，增加一些探究性的研究，引导学生进行深入的思考探究，提高教育心理学课程内容的针对性和实用性。

### （三）丰富教学方法，提高学生的实践能力

面对“国考”的新形势，我国大学的心理教育应该转变“填鸭式”“满堂灌式”的传统教学模式。按照“国考”的要求，在教学模式、教学手段、教学方法等方面进行创新，同时在教学中适当增加一些实习环节，使学生的实际素质得到进一步的提高。

#### 1. 教学模式的改革

在传统的“教师传授学生”的教学模式中，教师的引导是强调教师的主导作用，而学生的知识获取主要是通过教师的单向传递，教师却忽略了学生的学习需要和兴趣爱好。在新的历史条件下，教育心理学应该结合教学内容，采用“自学——咨询”“问题——探究”“传递——接受”的教学方式，充分遵循“以学生为中心”“以学生发展为本”的原则，体现学生在教育心理学课程教学活动中的主体性，更好地调动学生参与各种教学活动的积极性，增强教学效果。

#### 2. 教学方式的改革

在“国考”要求下，结合教学任务和内容特点，运用项目教学、情境教学、任务驱动教学、合作教学等教学手段，有效地实现教学目的。

#### 3. 在教学方法上进行改革

新形势下，教育心理学的教学方法要与时俱进，要充分利用多种信息技术和网络教学

平台，开展“线上＋线下”合作式、自主式、探究式家校协同教学，引导学生模拟解决教育教学中存在的实际问题，切实提升学生的实践能力。同时，要积极引进先进的教学思想和方法，促使学生在学习任务的驱使下，自觉建构教育心理学的知识框架，从而促使其参与到教育心理学的教学中来。

#### 4. 加强实践教学

传统的教育心理学教学多侧重于理论知识的传授，不利于学生的实际运用。为此，在新形势下，教育心理学的课程应该适当地增加实习时间，并在实习中指导学生把教育心理学的理论知识和现实的教学问题结合起来，提高他们的知识应用能力。同时，要积极开展教育实习，充分发挥学生的实际动手能力，以便更好地应对“国考”和今后教师工作中可能面临的各种挑战。

### （四）推行多种考核方法，以提高学业评估的效果

在新的“国考”体制下，教育心理学的评估方法应该积极地朝着多元化的方向进行改革。科学的评价方法，既可以诊断教学问题，反馈教学效果，又可以引导学科教学，有利于教师和学生的教学和学习。新时期的教育心理评估方法，既要重视期末考试的评估，又要重视学生的综合素质评估。

此外，教师还要重视评价学生在学习中的各种表现，把他们的情感、态度和行为作为评价的主要依据，使其在教学活动中起到诊断、引领、反馈、促进、激励作用，从而指导教师调整教学策略，激发学生参与心理教学活动的积极性。另外，重视对学生的学习过程进行评估，可以有效地激励学生在学习心理的全过程中全神贯注，从而真正地提高学习效率。

### （五）加强教育资源整合，提高教育效果

在新媒体、互联网信息时代，大学生的学习方式已经不再局限于单一的教师讲授。与不断更新的现代化教学技术相比，传统的教学方式不可避免地出现了乏味、低效的现象。通过以上所提及的网络平台、网络直播、智慧课堂等方式，教师和学生之间的关系发生了变化，学生的学习能力得到了进一步的提高。在某些章节中，教师可以从中国慕课等平台中选择一些国家的精品课程，并将其作为预习资源，使学生在课前通过在线听课和自主学习的形式建立起自己的知识库。基于此，教师可以利用校园网、云平台等途径，从网上获取学生的预习信息，并对其进行即时解答。在教学目标、教学形式、表达方式等方面，利用教育心理学的知识，在智慧化、信息化的条件下，帮助学生掌握课堂的知识，提高学生

的学习和实际操作的效率。

因此，教师应结合当前的社会发展状况，全面检视教育心理学课程教学中的缺陷，厘清其与新“国考”标准不相适应的部分，采取加大课时、重构教材体系、丰富授课方式、改革考核方式、强化资源整合等改革举措，以建立更为合理的教育心理学课程体系，更好地满足高素质教师队伍的培养需求。

## 第二节 交往心理学在教育改革中的作用

### 一、交往的心理含义

#### （一）交往心理分析

##### 1. 三种交流形式下的交往心理内涵

交往是人的生命基础，它有三种形式：“相对无意识交往”“外部需要交往”“内部需要交往”。它们既可以在不同的历史阶段中出现，也可以在各个历史阶段的不同领域中得到体现。

人类社会的出现，就产生了交流。交往从它产生之日起，便自然而然地与人类的生存和生活需求——物质层次的需求相关联，因为在这种状态下，个人与团体的矛盾还没有完全发展起来，而维持交往的主要是亲属关系。“个体表现得更完整”，所以它是一种“不需要意识”的交流形式，也就是所谓的“人的依附关系”。可见，交往的原意是一种接近于直觉的“相互往来”，它是生活所必需的。

随着人类社会的发展，交往的内涵和形式也在不断地扩大，呈现出一种基于物质的依附关系的交流形式。随着劳动分工的产生和发展，生产力得到了极大的提高，但社会的联系却日益成为一种支配着人们的意志和行动的力量，使人们不得不利用这种方式来满足自己的生活和发展的需求；与此同时，由于劳动的不同，个人的行动不再是一种完全的实践，而是一种独立的过程。这样，交往就成为人与人之间的纯粹的外部联系，成为一种纯粹的结构关系，而不为个人的人格特质所转移。人物和自己是彻底分开的。很明显，这种交流是由外部力量所驱动的，是所谓的“外在需要”的交流形式。交往的含义扩展到了“相互承认”和“相互作用”，而且交往的形式多种多样，尤其注重交往的规则和规范，整个交往的过程都是一种功利主义的、具有很强的工具性质。

当社会生产力发展到一定程度时，社会上必须进行的劳动分工被清除，个人和社会之间的激烈矛盾消失，或者某种社会制度中一定程度上或某一特定区域没有必然的劳动或激烈的矛盾时，个人才能真正地拥有自己的社会关系，从而达到对生活的完全控制，从而使人的交际不再仅仅是一种工具，而成为一种目标，成为一种满足其内部交流需求的行为形式。马克思指出，个人与社会之间的矛盾的化解，使个人不再是个人的外部性，而是个人通过自由地占据社会关系实现自我完善和充分发展。它是一种交流形式，即“内在需要”。交往的中心含义将会自然而然地扩展到“理解”和“共感”，其历程可以反映人生的价值和意义，充满了人情味和人性。

从交往伴随着人类历史发展的演进历程可以看出，无论何种层次的交往，三种不同的交往方式实际上都体现着交往的最根本内涵：相互沟通和往来。这种交流与交往直接与人的某种需要联系在一起，是人们在社会生活中为了满足某种需要而进行的信息交流和联系，它直接表现了人的内心世界。

#### 2. 从交往的多样性角度解读交往的心理内涵

哲学在很久以前就从心理学的角度来论述交往的价值。哲学是一种系统化、理论化的世界观和方法论，是对自然科学和社会科学的认识的总结。早在柏拉图，亚里士多德，西塞罗时代，人们就已经从人性的角度对交往进行了解释，比如亚里士多德将人的本质定义为“城市的动物”和“政治动物”，“城市是由自然演变而来的，而人是城市的一种动物，本质上，人也是一种政治动物。”西塞罗认为，人的天性和行为之间的关系是存在差别的。他说：“人类通过教学、交往、讨论、争论这些理论和语言，以及兄弟情谊，是人类和动物的唯一不同之处。”很显然，两千多年以前，哲人就已经将交往的重要性提到了人类的最高境界，而西塞罗更是将交往视为一种很好的教育方法。洛克与休谟在中世纪之后，对此做了更进一步的论述。洛克从人的个性和独立性出发，论述了人与人的交往，他认为，人与人之间的“意义交流”，是以“理解”为目标，通过谈话的方式，通过宽容和宽恕，使人的思维和行动得到统一。休谟将“共感”和“同情”作为他的心理中心，将其定位为“认知的交流、情感的交流”。后来，很多哲学家都从人的社会关系出发对交往进行了论述，比如把交往看作是人与人的社会关系，但是“交往”和“社会关系”是两种不同的概念。哲学家布也娃指出，社会关系是社会各个组成部分的一种联系，这种联系的特征是：“人与活动的条件、其他的人和团体的结合，具有无人格的特征，而社交是一种个人化的社会关系。”在当代西方哲学中，最有影响力的莫过于胡塞尔与哈贝马斯，哈贝马斯虽然从相互关系出发，但其出发点却是对科技理性的批判、人文价值的提升以及人性的恢复，哈氏认为，交流是以符号为基础，以语言为中介，以对话来实现相互了解与统一。他还直截了当地说，“交流的行为基本上是互相了解的”，并且对其进行了一种双重的解读：

"狭义的意思是，两个人用相同的方法来理解同一语言的表达。广义的意思是，两个人在相互认同的规范语境下，有一种和谐的关系；另外，他们还说，两个人在交流的过程中，可以了解到世界上的某些事情，也可以把他们的意图表达出来。"很明显，哈贝马斯的交际论述充满了思想的碰撞、互动、理解、协调等一系列思想和情感的交流与融合，可见，哲学虽然是从价值的角度来探讨，但是它的概念阐释仍然是以"交流、沟通、了解"为核心的，具有丰富的心理内涵。

在社会与科学发展的背景下，以哲学解释为基础的社会学、心理学首先对交往进行了专门的探讨，从而揭示了交往的内涵。心理学是一门关于整体社会关系的"局部社会背景"或个体在微观环境中的交往和往来，属于狭义的交流。《中国大百科全书——心理学》把交往看作是"人类因共同活动的需要而形成和发展的一个复杂的、多层面的联系。""是指人类通过文字和非文字符号进行思想交流、表达思想、表达感情和需求的一种沟通方式，具有整合、调节和保健功能。"在此，交往本质上是一种特殊的思维方式。社会学从"社会互动"的角度对交往进行了广泛的探讨，《中国大百科全书——社会学》将其定义为"交往活动"。"交互的本质就是：不论是个人的交往，还是社会的交往，都是一个人和一个人的来回互动，一个人和一个人的交流。"社会学中所说的"交往"或"交互"这一概念，虽然是在社会历史的整体范围内进行的，但却是以心理为基础的，反映了群体的需求，其概念解释就是对交往概念的"转译"和扩展。

### 3. 交往在教育中的心理含义和特征

从交往的历史发展和多种学科的多重诠释来分析，我们也可以看出"交往"心理学的内涵和意义：指的是人与人的物质、精神的相互交流、互动；它显示了人的精神平等、共享、竞争、合作、冲突、理解、包容等各种丰富的心理活动，最终让每一个人在社会中成长。为实现个人的人格的"同一性"，社会化起到了关键作用。教育因为其精神性，使得教育活动中的交往更是教育个体之间的精神交流和心灵碰撞，是教育个体间有关知识信息、成长活动的交流、互动过程，它包括知识内容的传授、生命内涵的领悟、意志行为的规范等一切需要心理活动参与并促使心理健康成长的过程。其本质上就是：社会文化是由不同的主体相互影响、互动而形成的，从而形成了主体的个性特征，并将其转化为主体的交往活动。正是在这种周而复始的交流中，教育者的思维、情感、兴趣和个性得以丰富发展。

心理交往具有三大特征：第一，主动性。交往的两个人都有自己的主动性，他们不会被动地接受信息、机械的回答，而是会根据自己的要求、兴趣和态度，去理解、分析对方的语言和非语言信息的目的和意图，并作出反应，而对方则会根据信息的反馈，适时地作出反应。第二，交互性，也就是某种程度上彼此的影响与交互。交往不是简单的信息交换，而是能够让人们在态度和行动上达成共识，并且通过积极的影响，让他们维持良好的合作。第三，消极性。社会、心理、文化、动机、个人的需求、知识结构等与交往过程中的各种信息通道无关的因素，都会对交往的效果产生很大的影响。

## （二）在教学改革中的交往心理反思研究

教育改革的基本目的是要促进人的身心发展，即智力、身心、责任感、审美意识、敏感性和精神价值；要使每一个人逐步完善，使其个性变得多姿多彩，从而形成一个全面的人。这种精神化的教育变革，使交往的心理含义超出了知识教学的工具价值，它使处于教育中的每一个人都能从交往中获得经验、知识、精神模式、生命体验等共同的生存资源，从而发展人类的智慧、意志、情感、精神等各个层面。因此，从心理学的角度思考，交往在教育改革中具有十分深刻的实际意义。

### 1. 深化教学改革的内涵和方法

现代教育是一种严格的程序和工具，“虽然学校兴旺，但是教育的未来却是一片迷茫。”如今存在着一种错误说法，教育不是让人成为人，而是让人成为东西，这样的工具化的人，已经丧失了对最终目的的追求，变成了非人的技术工具，成为后现代学者们最担心的丧失个性的人。日本学者池田大作和英国学者唐恩对“人是工具和人性的空虚”进行了论述，这一点很有见地，在科技发达的今天，人们不得不想到，教育是否已沦为有利可图的仆从，变成了追求欲望的工具。这一思想有两大弊端：一是学习成为政治和经济的工具，丧失了其应有的能动性，从而丧失了对社会的尊重；二是只有实用的知识和技术才有价值。

教育要彻底摆脱目中无“人”的状态，就必须改变一般习惯的主客对立的认识方式，以“人”的方式理解人，即哲学和心理学。20 世纪 90 年代以来，教育界积极探讨“交往理论”，基本确立了交往在教育中的地位和价值。但是，这一认识在很大程度上仍然是从哲学的角度来论证和支持的。从现实的角度来看，交往理论的成长缺少现实、历史和文化基础，使其在现实生活中常常遭遇种种困难和障碍，这至少表明了在哲学层面上建立交往的地位还远远不够。而心理学则从交往与发展关系、交往障碍与途径等方面对现实进行了探讨，以弥补其在价值研究中的缺陷。这为我们在教学改革的内涵和方法上做了铺垫，有助于我们以合理的、具体的方法来解决当前没有“人”的教学状况，从而使“无人”的教学模式发生变化。在师生交往中，教育既能完成知识的传递，又能进行个性的沟通，雅斯贝尔斯认为，交往“是人与人之间的心灵沟通”“是人与人之间的灵魂和肉体的沟通。”对于这样的心灵交流，我们不能只停留在哲学的高度，而应该从更具有实际性和操作性的心理层面去认识和引导。

2. 深化和拓展交往理论与教学改革

从心理学角度对“交往”进行反思，不仅有利于推动教育交往理论的发展，也有利于指导教学改革。在教育理论中，传播理论的发展和深化离不开心理学的支持。19 世纪初期，马克思开始了对交往的研究，而在 19 世纪 40 年代，出现了一种新的“互动决定论”。19 世纪 60 年代兴起的人本主义学习学说，强调学习的需要、人际关系和沟通。20 世纪 70 年代德国流行的交往教学学说，强调师生之间的友好交往是教育的根本，提倡师生平等、合作、信任。从 20 世纪 60 年代“认知革命”至 80 年代后的建构主义，重视认知发展和知识建构的社会性，例如皮亚杰强调个人与环境的互动，即由同化和顺应，达到个人与环境的协调，社会建构主义学习学说则主张透过语言交际实现知识的社会建构，从而倡导情境学习、合作学习及真实性任务学习（知行相互作用）。20 世纪 60 年代出现的这些学习理论，既注重社会、教师、集体和环境的互动，又注重个人的内在认知结构与信息、新知的个别化互动。

在技术媒介中，没有直接交流，“交互”是一种普遍的技术手段。80 年代后期，美国穆尔提出的“三种互动”，即学生与教师、学生与学生，学生与教学内容的互动关系，使交往理论得到了发展，并对远程教育实践产生了深刻的影响。叶霍姆伯格在 90 年代后期更加重视远程教学中的情感沟通功能，从而使教育交往理论得到了进一步的发展。这些都是从教育社会心理学的视角出发，着重于社会心理对学习的影响，使教育交流理论更加丰富、理性地走向成熟，从而为教学改革提供了有力参考。

## 二、交往研究的心理基础为选择教学改革的实践突破口奠定了坚实的理论基础

从交往思维的起源来看，交往研究有其深刻的心理学依据，即交往本体理论和交往价值理论。这为我们如何在教学改革中寻找切入点提供了理论基础。

### （一）人性假说“交往”为教学改革实践中的交流提供机会

1. 社会人的假定

梅奥等人根据霍桑的试验得出了“社会人”假设。这种假设表明，在工作中，与身边的人关系最为重要，而物质利益则是次要的。其主要的内容包括：一是交际需求是人类的主要行为动力，是人类社会认同的重要因素；二是自工业革命以后，由于职业的分工与机

器的发展，劳动丧失了原有的趣味，变得越来越单一，人们不得不从工作本身的社会含义中寻求慰藉；三是与正规机构相比，非正规机构的人脉关系所产生的影响要大于正规机构的行政手段和奖赏；四是领导应该满足员工的归属需求、交往需求和友谊需求，满足员工的社会性需求。社会人的假设为人类最大的动力就是社会需要，只有满足了人类的需要，才能最大限度地激发人们的积极性。社会人假设虽然是从企业经营的视角出发，但其总体上是与社会各个不同的人所构成的组织和制度相适应的。教育是一个由人组成的体系，它的运行是通过思想和情感的碰撞不断地进行的。个人缺乏深层的交流与互动，不仅教育本身不能充分体现其价值，而且不能使个人的内在精神需求得到充分的满足，其人格的全面发展也就无从实现。

#### 2. 人类最根本的需求就是交流

古代的西方哲学家和思想家们早已发现了人与人之间的亲密关系的需求。正如柏拉图所言，人类彼此接近是为了求得生存；亚里士多德清楚地指出，人是“政治动物”，具有与生俱来的亲切感。近代以来，心理学者从多个方面对交际需求和价值进行了确认。美国马斯洛在“需求”理论中指出，人的社会性交往需要是其社会性需求的基础。交往需要，也就是交往动机，是一个人在社交中的内在动力，也是一个人面对社会的最根本的行为动因。著名的心理学家伊万诺夫娜认为，在学生的许多需求中，交往动机的发展和学生的某些基本需求息息相关。

由于交往是人的一种高水平的心理需求，而教育是一种精神的生产。因此，交往对于教育者来说具有重大的意义。杜威指出，教育问题的最大范围是人的变化。因此，在教育实践中，应该采用“协商、交流、谈判、理性合作”的民主方式，创造出一个良好的社会文化、心理环境，以化解矛盾、促进发展、培养和谐的生活。

### （二）交往价值理论为教学改革的实践奠定了基础

#### 1. 大学生社会化的基本方式是交际

传统的心理学理论认为：“家庭”是影响大学生个体发展和社会化的重要因素。实际上，这并不是人类需要的。20 世纪 80 年代，心理学家哈里斯和其他学者认为，家庭是决定大学生社会化的重要因素是不正确的，家庭环境并不能显著地改变学生的心理特点，而对其产生长期影响的是他们和同伴的共同生活。在此基础上，本书提出了“群体社会化”的概念，即：“个体”的形成主要是在家庭之外的社会背景下，尤其在中学生中间阶段的同性群体和青年群体。文化的社会化是指文化的传播，在团体中沟通实现，而不是像以前那样，一对一地进行。学生通过同化、异化、等级地位和社会对比，获得动机、语言、知识、技能、态度和信仰。

2. 交流是学习动机的动力

皮亚杰的发生认识论主张知识并非外在事物的简单复制品，或其内在的结构的扩展。其发展受四大要素影响，即成熟、实践经验、社会互动与均衡。认知是一种积极、持续的建构行为，其发展并非由内在成熟或外在教育所决定，而是一种积极的建构。学生在实践中，不断地建立起自己的知识基本观念和思维方式。皮亚杰从这一角度出发，提出了一种“人的知觉”的“双向建构”理论，即“人的智力结构”和“物质认识”是在“人”与“人”的互动过程中产生、发展的。皮亚杰所谓的“社交互动”，就是指在“社会互动”和“信息交流”中，每一个学生的行为都不是在“真空”中进行的，它是在与别人的互动中产生的。人类可以通过与物质环境的互动来获取某种经验，但是某些与现实生活密切相关的体验，特别是能够反映个人生命价值的，只能通过深层次的交流来获取。

有些心理学者还探讨了交流与学生的关系，如一位友善、热情、热爱学生的教师，能为学生创造良好的课堂互动环境，则能促进学生的学习；苏联著名心理学家马丘斯金提出了“问题教学”的概念，清楚地表明了交流的基本形态，即对话，是影响教学过程中学生认知能力发展的一个重要因素。他指出，要保护、鼓励和促进学生的认知活动，教师要在教学中营造一个轻松、融洽、相互尊重、相互信任、相互关爱的交流氛围，使师生之间形成“主体——主体”的人际互动关系。

3. 交往是人的精神成长之源

苏联著名心理学家维果茨基对人际关系在人的精神发育中的重要作用进行了论述。在维果茨基生活的那个年代，心理学家们最喜欢的是一种“刺激——反应”的模型。但是维果茨基敢于直面人类的真实和复杂的心理现象，他大胆地提出了一种认识人类的心理和心理发展的文化、历史规律。他说：“人类所具有的被调节的心理功能并非由内在自发而来，而是通过与人们的共同行动和相互交流而形成的。”他认为“人所特有的被中介的心理机能不是从内部自发产生的，它们只能产生于人们的协同活动和人与人的交往之中。”“在学生的发展中，所有的高级心理机能都两次登台：第一次是作为集体活动、社会活动，即心理间的机能，第二次是作为个体活动，作为学生的内部思维方式和内部心理机能。在他看来，学生的全部心理机能是在交往过程中发展的，而表现为合作的教学正是最具有计划性与系统性的交往形式，学生今天不能独立完成的事，往往有可能在教师与伙伴的帮助下完成，而明天他就能独立完成。”他进一步指出，教学的根本特点，就是其产生了“近期发展区域”“教学激发、唤醒、启发了一系列内在发展的进程，而对学生而言，现在只有在他和他身边的人之间的协作中，才有可能实现。”

交往有助于个体形成理性的自我认知和自我评估，进而发展出良好的人际关系和社会适应性，促进人格的健康发展。米德是社会心理学家和符号互动理论的奠基人，他对人际互动在个人心理发展中的作用进行了较为系统的探讨。米德相信，思想是由外在沟通而非心灵的沟通所创造的，它是由主体的“我”逐步形成的。在自我认知与评估的过程中，主观的自我图示不仅仅是主体对自身的反映，更是主体在与他人的交往中对自己的看法。没有交往，个人的心理是无法得到健全的发展的。

班图拉从行为的视角探讨了交往在心理上的发展。在心理学领域，关于哪些因素对行为有影响一直存在着分歧。其一是个人的决定论：有此看法的心理学家认为，人类的内在本能、性格、驱力、需求、认知结构等是决定人类行为的主要因素，而忽略了环境的作用。其二是环境决定论：华生的行动主义和斯金纳的极端行动主义理论认为，人是由环境所创造的，通过对环境的控制来支配人类的行动。其三是交互性理论，它把环境和人看作相互独立的要素，共同影响并决定了行动。班图拉反对以上三种观点，他在对社会行为进行分析时，提出了“互动”理论，认为个体和环境的因素不能独立地工作，而是互相制约，主张行为、环境和个人内部的各种因素相互影响，形成了一种“三角”的互动关系。班图拉认为，人和人的行为对人的影响是决定性的，比如，人的期望会影响人的行为，而人的行为也会影响人的期望。他认为，人与环境并非如传统理论所认为的两个不同的个体，而是一种潜力。只有在具体的交流中，环境的潜力才会发挥作用。在人类的潜力没有被激活前，这种能力是不会发挥作用的。因此，在交际中，一个人的行动会引起对方的特殊回应。这些特殊的回应会促使互动产生相应的回应，进而构成一个社会情境，并且在互动的发展过程中，它们互相反馈。班图拉相信，很少有人能单方面地掌控周围的情况，而认为一个人可以部分地创造自己的环境，那么其他人就不会被环境所左右，这个观点是不对的。

从上述的种种心理解释中，我们可以了解到，任何学习和获取知识的行为，都是在一定的交流过程中完成的。通过交流，每个人都能了解自己，了解道德的准则，明确知识的分配和传播，在交往中认识自我以及认识世界，从而构成一个基本的理性架构，这个架构是向个体展示世界的基石。因此，交往是个人化进程的社会基础。从某种程度上讲，学校是人们经历社交活动的地方，也是人们在交往中得到发展的一个重要过程。

### （三）走向交流——合理而有效的教学改革切入点

在全面推行素质教育的过程中，许多专家和学校从“特色教育”“活动课程”“课堂主阵地”“第二课堂”“创新教育”“愉快教育”“成功教育”等方面寻找突破口。这种突破方式的选择对我国教育改革的发展起到了一定的推动作用，但是在长期、大规模、系统性的实施中，往往会导致事倍功半甚至中途放弃。在对突破的选择进行反思的理论起点上，他们仍然是主客两重的立论视角，并未脱离“客体”和“容器”的框架。教师们在教学活动中，始终坚持从单方面设计课堂、设计活动、开发课外特色活动等来指导学生的创造力，而在课堂上，教师依然是课堂上的绝对权威和主宰者，“他只不过是在寻找更好的方法来改善自己的教学方法，而在教学中，学生的真实感觉，却是微不足道的。”在实际操作中，教师一方面觉得“力不从心”，不能深入到学生丰富、细致的人生经验和背景之中，与他们进行平等交流，同时也发现自己不能代替学生的学习与接受，很难充分地发挥自己的主动性和创造力；另一方面，在教学生活中，学生依然感受到“压迫”与“压力”，面对教师一厢情愿的“善意”，他们依然不能与教师进行交流，他们依然在对立面指导下进行教学改革，常常会导致教师的努力付诸东流，让教学改革无法“深入人心”。

而心理学对交流与发展的关系的揭示，更加深了我们的认识，并深信将交往作为一种精神应用于教育，建构一种新的教育交流形式，是对传统与现代教育的一种合理、有效的突破。传统的教育是一种“灌输式”的教育。传统的教育以学生为载体，教师是教学过程的主宰，将零散的知识灌输给学生；而作为接受知识的人，由于对知识的追求，盲目地将知识据为己有，从而使其自我发展、创新能力受到抑制，甚至使整个人格瓦解。现代教育注重培养学生的自我发展，视其为开发人的内在潜力，教育工作者就是一个园丁，其工作就是为学生创造条件，使其按固有的规则程序去开发。所以，现代教育注重学生的自然本性，提倡自由发挥、自由探究，不干涉、约束，为学生创造自由、轻松、愉快、和谐的环境，培养学生的表现力与创造力。现代教育突破了传统教育对学生自由发展的制约，但又过于偏激，过于注重学生的自由发挥，从而阻碍了其社会化人格的发展。为了维持自身的稳定的自我价值，人们必须不断地从社交中获取支持性信息，从而让自己确信自己的价值。因此，学生的发展并不是由外部事物或主体本身固有的潜力所决定的，它是由一种与其不断互动而产生的必然结果。换句话说，人类的发展并非在先天或后天的范畴内，而是处在“边缘领域”，介于先天与后天之间。显然，如果人处于先天状态，则需要现代教育；人的发展是后天状态，则需要传统的“雕塑”。边缘社会则是通过交往、对话来实现，其重点在于师生对话，在对话铸就的边缘领域，促使学生不断地创造与创新。如果说传统教育以教师为中心，那么以学生为中心的教育改革实践，强调超越主客二元对立，通过师生间的交流与对话，实现师生和谐共处，促进学生的发展。

可见，交流的心理基础让我们更加深刻地认识到：“交往”作为教学改革的切入点的新角度，能够促进教师和学生之间的精神、情感的深入，克服了过去的改革实践中的弊端。

# 第三节　教育改革中交往心理学的优化途径

## 一、合理交往的必然性

在教学实践中，作为一种精神交流的交往，一方面，可以建立师生之间的主体性关系，但这并不代表师生之间的交流是出于师生的内部需求，因此，很难说这是一种以人为本、弘扬人道、促进人和人的完全自由发展的关系。另一方面，师生在交往的起点、方式、结果上的差异，使得交往难以成为真正的平等、共融的交往。因此，教育者在交往过程中所获得的并不只是个人生活的全部，而往往是通过交往的方式来满足自己的发展和他人的需求，这其中包含着许多的迫不得已和无奈。另外，由于不同的社会压力和不同的交往对象，使得人们在交往中产生了许多的心理障碍。因此，在现实的教育中，交往并不总像我们想象的那么完美，它充斥着压力、暗礁、挫折、失落、不公正等令人沮丧的消极面；在对教育造成不利影响的交流中，抑制这种消极性，在希望中进行理性的交流，是进行教育改革的必要手段。

### （一）在教育中交往需求受到限制

交往确实会对教育和人类发展起到积极作用，但交往越多、越充分越好，师生之间的关系越丰富、越深入越好。人的孤独心理需求以及教育活动本身的性质决定了其交往需求的局限性。

人的需求是完全不同的，彼此独立的。一方面，人们需要有一个清晰的自我价值和安全感，需要有一个与他人相处、与他人保持稳定的社会关系。而另一方面，人们也需要有自我反省的经历，有自由发挥的机会，所以需要时间进行独处，需要短暂地与他人保持距离。此外，社交需求与孤独需求始终保持着一种动态平衡。最近的社会心理学研究显示，正如缺少与人相处的经历会让人感到焦躁，由于社交活动过度而导致的孤独感不足，也会让人感到焦虑。在进行交叉刺激时，必须要将自己维持在最佳状态。接触太少，身体的调节会促进人类和人类的交流，而太多的社交活动，身体的调节会导致人们远离别人，延长自己的独处时间。当教师或学生感觉到寂寞、缺少感情依赖、缺少了解、缺少人际支援时，他们会因为缺少与他人的关系而苦恼；而教师、学生觉得交际太多，要应付各种交流、对话时，很难专注于自己的目标，影响到教学与学习的效果，会产生压力和紧张，从而避免与人接触。例如，学生会的干部或者身兼数职的教师。

教育具有系统性、计划性、严谨性、复杂性、自主性等特征，因而具有自我建构的基本特征，而教育过程则是主体（学生）自觉地自我改造和发展的过程。教育的根本矛盾是自身发展的矛盾，也就是理想和现实的矛盾。自我的发展固然是由外部的环境和人为（例如教师的引导）所决定的，但是所有的外部因素都必须被纳入自己的视野中，为自己所知，才能真正地促进自己、发展自己。教育的需求，只有在受教育者的主体活动中，与其本身的需求相结合，才能促进其发展。很明显，在教学过程中，不管教师的作用有多大，不管外部环境的影响有多大，教学过程都属于学生，它就是一个学生的实践与发展过程。而在这种情况下，交往明显是多余的。过度的交往会让人头脑发热，迷失自我。由于教学任务的特殊性，教师与学生的不同角色定位，他们在交往中的作用和表现也不尽相同。教师在教学交往中主要通过期望、启发、指导、管理等手段来影响学生的发展，其中，教师的行为既具有价值取向，又具有服务作用，并且具有清晰的认识和引导作用。学生在与教师、学生和其他人的交往过程中，都是通过认识、体验、理解和接受来获取自己的身体和心理的营养。

所以，在教育中，交往的需求受到了限制。因此，我们在提倡“交往至上”的教学改革的时候，是否应该理性地思考交往的条件、范围和性质，并冷静地把握在教育中的交往的尺度和界限？这是一个很有意义的问题。

### （二）交往中的压力和不良习惯

在教育领域里，交往是很有压力的。一方面，任何形式的心理交往都是人类物质关系的直接结果。因此，教育交往也不能完全属于“目的性”，它具有“功利性”“手段性”。而作为交往的主体，师生之间的交往起点、方式、结果都是不同的，这就使得交往难以真正实现平等、共融。因此，人们在交往中获得的不仅仅是快乐、幸福和发展的价值，还有许多的迫不得已和无奈。所以，与人相处也会有压力。此外，大量的研究也表明，与学生、教师的交往所造成的人际关系紧张是学生最大的应激因素。在教学过程中，存在着三种主要的交际压力。其主要表现如下：

第一，对交往失败的恐惧。无论是教师或学生，在交往中，他们都渴望被别人接受和认同，并被同龄人所喜欢。而许多教师和学生，因为工作能力一般或学业上存在压力，在人际交往中会产生焦虑和害怕的情绪。有的人因为长相不好或受到榜样的压迫，在交往中缺乏信心，有意无意地增加了人际关系的负担，在交往中犹豫不决，使他们不能愉快地与人交往。因此，他们不可能完全、轻松、自由地与人交往。

第二，竞争带来的压力。在盖勒斯的“系统理论”中，作为社会体系的学校，必须对此作出相应的回应。在学校交往中，存在着许多的竞争，比如教师的教学成绩评估、年度工作总结、教育科研成果的发布，这些都是为了增加教育的效益而进行的，但往往会牵扯到一些教师的切身利益，比如职称的晋升、工资的浮动、奖励的发放等。趋利避害的自我防卫心态，使得教师在交往中互相猜忌、嫉妒、排斥。在教师、学生之间的交往中，也存在着一种类似于“竞争”的交往，这种交往被称为“异化”。

第三，因不爱或不善交际所造成的紧张。性格内向的教师都喜欢一个人独处，喜欢冷静地思考、分析问题，认为交往是一种负担和压力。如果有重大的负面人生事件，例如父母离异、重大疾病或死亡，这些都会导致学生在长期的抑郁情绪中产生厌烦。

第四，由于交往中的不良交往造成的心理压力。师生在交往中由于观念、语言、交往方式等方面的错误也会导致心理上的紧张。如果一个教师因为误会了一个学生而用语言来指责他，那么该生就会害怕教师，在以后的谈话中，他会变得很紧张，很不舒服。在与学生发生矛盾的交流中，教师常常感到很辛苦、很累，直到问题得到解决，才能感受到快乐。师生之间的误会是很常见的，在消除这种误会之前，双方都会感到很大的压力。

交往压力对师生的成长和发展都有一定的积极作用。人际关系中的压力没有得到适当的宣泄，会引起一系列的不良反应，比如：慌乱、紧张、沮丧、生气、难过、与同伴吵架、和教师顶嘴、挑剔，以及生理上的不适，比如胃痛、头痛、牙疼等。在这种情形下，经常会有人与人之间的关系拉近，反而导致学生学习成绩下降。这种不良反应会对学生的生理和心理的健康发展产生不利的影响。所以，在学校里的交往并非全是正面的。实际上，教育交往是一种不公平的权力控制机制，尤其是在以效率为导向的精英教育中，学校与教师之间的交往存在着“利益的计算”和“交往排斥”。这使得教育交往充斥着怨恨、压力和恐惧。有些教师们，或是成长中的学生，会害怕与人交往，逃避交往，因而被孤立。

任何道德规范的学习，任何知识的获取，都是在特定的教育交往领域内完成的，通过制度的制约，在交往过程中形成了一种特殊的交流思维方式，离开学校后，又把它投入到广阔的社交活动中去，从而更好地了解自己。教育交往是在特定的社会空间结构中进行的，这就意味着政治、家庭、社区、法律、社会规范、经济结构、风俗习惯等都会对教育交往产生影响，从而使其成为生活的、习惯的、场域的、场景的多元化形式。从某种程度上说，学校是一个人经历社会交往的地方，而“个人”则是一个人的交往习惯，也就是一个人的交往机制与过程。

那么，交往的习惯是什么？交往习惯是一种深入到性格倾向性中的技术交往能力，它是一种情境化的、由场域所塑造的、感知、评价和行为的分类模式。比如在教室里，教师总是向成绩优异的学生发问，而在课后又特别关注他们；而优秀的学生，则会在各种活动和教学情境中，将那些“成绩”较低的学生排除在外。习气不是一种习惯，而是一种通过反复的接触而形成的行为方式。比如，在与他人相处时，喜欢摸头、抓耳朵、大声喊叫、抱怨等。从交往习惯在教育中的具体表现和基本内涵的性质出发，可以总结出三大交往习惯的特点。一是个性。一方面，这种习惯往往与交往者的性格特点相结合，与个体的性格相适应，长期居于支配地位的人会养成一种支配的习惯，从而滋养专制、骄横、优越、苦恼、绝望、反感等性格；另一方面，这种习惯又与交往者的心理结构相适应，在这种关系中，习惯向人们灌输的意见、情感、观念、态度、知识等促使一个人形成了一种稳定的交流思想和心理结构。正是由于这种人格化的特点，使得交往习惯成为处理思想和身体的一种手段，它占据了身体，占据了时间，支配了整个人。二是场景化。交往习惯是在特定的教学领域中获得和表现出来的，而交往中的主体则通过交往习惯计划、谋划着某种特定的交往活动。因此，这种特殊的教学交流形式是师生共同策划的，也就是双方在校园领域内的习惯性表现。三是技术性。在人类的整体人格取向体系中，与其他需要、动机、兴趣等相比，交往习惯更具有智力和技巧。由于交往是一种充满监督、干涉、竞争、强制、规则、利益交换、机会主义、弱肉强食的社会环境，在这种竞争中，每一名受教育的人都会按照自己的能力和社交领域的等级地位，选择正面或负面的交往。

从情感和理智在交往习惯中所占比重来看，我们可以将现实生活中的师生交往习惯划分为三类：

第一，感情型的交往习惯，即习惯于利用心理上的喜好，把交往中的种种好处，如交往的机会、品质、资源和自身的影响等，建立在感情之上。如教师在与学生的交往中，经常会给自己喜欢的学生如漂亮、听话、学习好的学生提供更多的机会，而对于自己不喜欢的学生，则会自然而然地把他们推到社交领域的边缘。教师以上级意志支配教育交往的优先权，通过行为规范、纪律、班级管理技术等手段来实现其情感偏好。

第二，以工具为中心的交往习惯或利害关系。这种习惯是基于彼此的兴趣期望。学生从学校得到的很多教育资源和机会很多是基于功利主义的，他们通过教师而得到更多的机会，而教师也希望学生取得更好的发展。

上述两种习惯都具有排他性，而对于学生来说，这种习惯具有竞争性，这就意味着在交往中处于地位之间的竞争。竞争同样具有排斥作用。因此，这两种习惯对学生产生了很大的负面作用。

第三，道德上的交往习惯。拥有这样的交往习惯的教师，习惯于以理性的方式担负起教育交流的道义责任，以平等的态度对待每个学生，使教学交往成为一种支持性、激励性的师生关系，并在此过程中尊重每个学生的人格尊严。在我国的教师和学校管理者中，尽管也有这样的习惯，但是却很少。这一习惯对师生双方都有正面的发展作用。

从交往习惯的特征和表现来看，交往习惯对个性同样具有正面和负面两方面的特征。而二者都对教育权利和个人人格的形成与发展产生了重要的影响。

首先，交往习惯掌握着教育权。习惯往往决定了谁是教育的人，谁是在接受着教育的人，谁可以优先地接受教育，谁可以接受良好的教育。在教学领域和情境中，教师通常被赋予特殊的地位和权力，是交往权力的核心，决定和支配着交往的运行和分配。大学生既是交往主体，又具有一定的社会地位。在教学过程中，交往习惯对身份地位、利益机会、特权的发展都有一定的影响。学生的身份和类别与教室里的位置已经成为一种习惯的重要结果，也是一种象征。所以，他们对自己的教师敬而远之，这也是一种习惯。拥有特权的人，当然有监督、记名甚至惩罚所谓的“落伍”的权利。他们有权在受教育方面进行交流。因而，在教育中，交往习惯并非崇高，而是渗透着权力、利益和强制。它在一定程度上影响了学生在学校的身份、地位、资源、机会甚至是利益分配。

其次，对个性形成的影响。它包含了正面的个性形成和负面的个性形成。在“交往中心”的一部分学生，自始至终都体验到了快乐、赞美、成功、自信、自尊等正面的情感感受，而那些被认为是“好学生”的人，则不会与“差学生”接触，他们会“察言观色”，从而形成一个强势的群体，这就促进了他们的积极发展和学习。在“交往边缘”区域的学生，由于受不公正的交往习惯的约束，经常被排斥、嘲笑，长期经历着屈辱、怨恨、自卑、依附、惩罚等负面情绪和情感。这种习惯使那些被忽视的人认为，学校是一个令人难堪的场所，不会让他们认为自己是一个正在成长的人，自己有权去犯错，相反，他们会意识到自己是一个罪犯。一个人在接受教育时所承受的痛苦，将会对他的整个人生产生影响，他的自尊心受到伤害的痛苦，将会伴随着他的整个人生，形成他的负面性格。对一个成长中的人来说，公平、平等和人性的教育交往，是塑造其人生品格的重要因素。在教学活动中，学生有没有受到别人的尊敬，有没有感觉到自己在集体中的重要地位，有没有感觉到自己身处的环境是一种鼓舞人心的氛围，有没有经历过平等、公正的交往习惯，这些都会对其个性的健康形成造成很大的影响。如果一个人因为不平等的教育习惯而遭到歧视，或者被怂恿对别人进行歧视，那么他就有可能在社交活动中被不平等、不公正甚至是不人道对待。

总而言之，在现实的教育中，交往习惯存在着许多不公平的现象，它们在培养骄横自满的“成功者”的同时，也产生了自暴自弃、碌碌无为的“失败者”；在塑造“美好”的同时，也在创造着“痛苦”。但是，教育自身是有道德的。由于交往习惯中的压迫力量，个人所承受的苦难是道德上无法忍受的。在教育领域，人们的认同、地位、分配教育机会和资源的不公平的交往习惯，都是不公正的，也是不可接受的。因为，对一个成长中的人来说，公平、平等和人道的教育交流，是他个人的尊严和品质道德形成的关键。

### （三）交往中的精神障碍

交往的主体间性与主体之间的内在互动是交往概念的实质。主体间性包含两层含义：

一是交往主体间的共识，即在交往过程中交往主体对同一事物达成的共同理解，也就是主体间的共同性和共通性；二是交往主体间的互识，即在交往过程中交往主体之间的相互认识、相互理解。所以，交往是主体从相互认识到达到一致的转变。教师对学生的了解有助于教师针对不同的学生采用不同的教学方式，达到因材施教、提高教学效果；在此基础上，教学交往也是从认识到认同的转变，在此过程中，因双方的定位不同，必然会产生某些人为的障碍和偏见。这种心理障碍或偏见常常是主观的，如果不能及时发现和消除，就会造成“虚假性”的教育交往。探索各种形式的教育交往障碍，寻找解决和纠正问题的方法，是提高教学质量的一种行之有效的方法。在交往过程中，认知障碍、情绪障碍、人格障碍等是心理系统障碍。

### 1. 认知偏差

认知偏差是指人们基于某种表象或错误信息而做出的错误判断，或者判断与实际情况不符。面对交往式的课堂教学环境，教师在与不同的学生交流过程中，始终根据自身对学生的认识，不断地进行教学思考和判断，并根据自身的教学行为和策略进行相应的调整。但是，由于受交往主体、交往对象和交往环境等因素的影响，教师在认识上存在着一定的偏差。

由于人际认知的首因效应而产生的认知偏差。首因效应，也称初始效应，是人们在接触认知时，最先产生的信息，也就是第一印象。第一印象导致了人们的认知偏差，是因为人们从不完整的信息中得到了一个大致的判断。教师和学生一旦产生了“首因”效应，将会对其交往态度产生直接的影响，进而对其交往行为产生影响。当一个学生在教师面前表现出良好的形象时，教师将会在今后的教学中给予他特殊的帮助。这种影响给人的印象很深，但往往不精确，也不符合实际，这就使教师和学生在接触时，会产生一种倾向，那就是一旦我们获得了关于他的很少的资料，就会试图推理和判断他的其他特征，以便对他产生一致的印象。很明显，这是错误的。

因晕轮作用而产生的认知偏差。在教学交流中，“晕轮”现象也是一种普遍存在的认知偏差。在认知过程中，一般都是基于对某个特性的了解，而将其归纳为对其他相关特性的理解，即将感知到的特性归纳到未感知的特性中，从而由局部信息构成整体印象。这种现象就像是从中央慢慢地向外扩展形成更大的光环，这就是所谓的“晕轮”。晕轮效应主要具有以下特点：一是隐蔽性。有时我们习惯随意抓住某个或好或坏的特征，就断言这个人或完美或一无是处，这都犯了片面性的错误。二是表面化。晕轮的效果通常是因为自己还不够了解一个人，或者说还处于感官和知觉的状态，所以很容易受到表面性和局部性的干扰，导致人们只注意到某些表面的特点。三是弥散性。对一个人的总体看法，也会波及他的周身。成语中的“爱屋及乌”“厌恶和尚，恨及袈裟”就是晕轮效应弥散的体现。造成晕轮现象的成因：一是知觉的整体。我们在感觉客观的东西时，并没有孤立地去感受它的个体属性，而是总是趋向于将具有不同属性、不同部分的对象的感觉作为一个整体。因为有了整体的感觉，我们才能很快地认识到客观的东西，所以，我们并没有必要把所有的东西都看得清清楚楚。二是内隐人格。具有内隐人格的人，主张个体通常在不知不觉中形成关于他人心理和行为的假设。在对社会不明确性的情况下，他们利用自身的模式来弥补这种缺失，这种模式称为“内隐个性”。晕轮效应常常在很大程度上影响师生之间的相互认识。它不仅影响到教师对学生的态度，而且还会对学生的学习表现产生一定的影响。在对学生的认识中，当一个人的优势被放大时，他的缺点就会消失，成为“一好百好”；相反，当他的缺点被放大时，他的优点就会被掩盖，变得“一无是处”。在师生互动过程中，由于晕轮效应，师生之间的相互认识经常被扭曲，无法达成一致。

投射导致的认知偏差。“投射效应”是一种将自己的感觉、意志和特性投射到外界的人、物上。也就是说，在人际关系的认识上，我们往往会假定对方和自己有着相同的属性、爱好或倾向，并且往往会把自己的思想看作是理所应当的。投射作用是一种对认知的严重偏离。投射效应主要表现在以下几个方面：一是相同投射。当和一个陌生的人相处时，因为他们之间的相互不熟悉，相同投射很可能会出现，而且他们常常会在自己的意识中作出自己的评价。这一投射就是忽略了彼此之间的不同，不能区分自己和物体，只会混淆。二是愿望投射。愿望投射就是将个人的主观意愿强行施加于他人的投射。例如，一个有自信的同学，期望并认为他的功课肯定会得到很高的分数，结果他就把老师一般性的评语理解解读为一种褒奖。三是情感投射。一般人越是看到自己所爱之人，越是发现其长处；与之形成鲜明对比的是，他对自己不待见的人，却是越来越厌恶，越来越觉得他有许多毛病。所以，他们对自己喜欢的人，会表示好感，对自己不喜欢的人，会进行严厉的指责甚至诋毁。将自己所喜爱的人或物视为善，厌恶之人或物，加以修饰或丑化，产生一种心理趋向，使其丧失在人际交往中的认识的客观，进而造成主观判断和深陷成见的困境。在恋爱中，这一点尤其突出，就像所谓的“情人眼里出西施”，有时甚至会让你认为自己心仪的另一半也对你有意思。这种投射效应放在教学领域，主要表现为，在教学交流中，有的教师按照自己的知识结构、学识层次来安排教学内容、设计教学方式，而当学生不能接受时，则会被视为愚蠢。教师根据自己的理解方法，对学生的理解程度进行推理，对信息进行组织和传达，从而造成了教学交流的失败。

因社会成见而产生的认知上的偏差。交际中的认知偏差不仅存在于对个体的认识上，而且存在于对某一群体或某一领域的认识上。所谓“社会定型”，是指人们对于特定的社会团体所形成的一种普遍的、固定的观念。如许多教师认为，小商贩、菜农的子女缺乏聪明、教养、智商等；机关单位的子女，有教养、聪明、智商高等。由于这种成见，教师在选择与人交往时存在着极大的限制和偏颇，而无身份的商人家庭的孩子往往会遭受不公正的待遇，在教育交流中，他们被推到了社交领域的边缘。

由于态度和观念上的差异而导致的认知上的偏差。不同的交往态度也会造成交往障碍。如果有些学生觉得教师所传达的讯息“不过如此”，就无法理解讯息的含义，因而造成了一种既进又退的现象，阻碍了正常的交流。因为思想上的不同，也会导致交往上的障碍，比如，当学生把教师的信息放在自己的理解角度上时，他们就会对教师所传达的信息视而不见。教师要求学生用功，而有的学生认为自己未来的发展不能仅仅依靠学习，因而对教师的要求置之不理，师生关系也就无法继续下去。

#### 2. 情感紊乱

情感总是与我们的交往行为相伴而生，当我们处于一个愉快的环境时，思想会变得开放、活跃，能够快速地处理问题，实现真正的、有效的交往；当一个人的精神处于一种沮丧的、忧郁的、不愉快的状态时，他的思想就会变得迟钝、混乱、不稳定，一种突如其来的、热烈的感情可以使人产生无穷的精力来进行各种活动。在这种交流中，各种不同的表现形式，实际上就是一切不用语言交流的工具，可以使我们辨别出一种模糊的情况和另一个人的看法。在以“人”为传播对象的教学交流中，情感和语言是相得益彰的，它们都是以表达方式传达出讯息，进而增进交往对象之间的认识、共振，最后达到交往对象之间的一致。

#### 3. 人格缺陷

师生在进行交往时，由于性格的差异，往往会产生不同的交往方式，从而造成交往上的障碍。根据向他人提供自己的情况、从他人那里得到信息、给他人反馈，可以将其划分为五种类型：自我控制、自我防卫、自我暴露、自我满足、自我交涉。自控型的人擅长控制自己，不轻易表达自己的感受，不愿意向别人透露自己的情况，不愿意从别人那里得到新的消息，也不愿意向别人提供任何的信息。自我防卫的人擅长防御，尽管他们很少把自己的状况告诉别人，或者从别人那里得到的消息，但是他们会立刻回应别人的消息。自我暴露的人不擅长掩饰自己，更倾向于把自己的情况告诉他人，也愿意从他人那里得到消息，但是却很少回应他人的意见。自我满足的人反应灵敏，积极主动，以交往为基本方式来实现自己。自我交涉的人信守中庸，他们明哲保身、稳重沉着，凡事都追求和平。不管是从别人那里得到什么，还是给别人提供什么，或者给别人反馈，这些都属于中等水平。上述师生之间存在的不同的交往方式，常常会产生矛盾，从而阻碍交往信息的传播，甚至在某些情况下，同样的交往方式也会产生矛盾。

交往中的种种障碍都会对教育产生不同程度的影响。情感障碍会影响交往的过程和结果，人格障碍会妨碍交往的信息，进而影响交往的效率。认知偏差、情感障碍、个性障碍相互影响、相互干扰，情感障碍和个性障碍会加剧认知偏差，认知偏差则会使情感障碍和个性障碍进一步加深。

## 二、在教学改革中维持理想与现实的张力

教育中的交往存在着一定的障碍，其中主观的心理障碍对交往的效果产生了很大的影响。教育中的交往也是有压力的。在教育中，人们的交往存在着许多的坏习惯，这种习惯的出现是客观的。可见，在交往的进程中，不可能一帆风顺，也会出现摩擦和干涉，现实生活中的交往与我们所向往的理想的交往仍有一定距离。所以，在倡导“教育交往”和“交往教育”的过程中，我们必须客观理性地认识到交往的局限，使理想交往和实际交往的张力保持平衡，减少交往的障碍、压力和不良习惯，是进行教育改革的必要手段。

### （一）排除交往中的消极化干扰

基于以上对交往的负面影响，我们可以采取如下措施控制、消除或矫正。

第一，要有适当的交流，要掌握适当的尺度和界限。在这两种情形中，我们要保持冷静，收敛“交往意识”，整理情绪。一是交往过多，感到身心疲惫；二是在交往中迷失自我，不知所措。

第二，要对压力有正确的认知，积极发泄、排遣。压力分为正、负两方面，在负向压力无法转化为动机时，要适时地向别人求助，这时，“对话”、沟通、交流是一种行之有效的方法。

第三，坚持“平等”意识的增强，“精英”意识的弱化。教育工作者通过交流、学习、参观等手段，抑制情感和工具化的交往习惯，自觉养成理性的道德习惯。

第四，保持积极、健康和宽容的思想，学习调节和控制情绪。

### （二）明晰交往中理想、现实与期望的差别

理想永远比现实的存在感更高，我们需要它的引导和照明。但是，理想的实现不能脱离现实，若两者之间的差距太大，难以让教育工作者在教学中坚持。为了让理想变得更真实，我们就必须克服这两个目标之间的隔阂和障碍，寻找一个“期望”，这个愿望比现实要好得多，但却比理想要低得多，因为每一个“期望”都能让我们的梦想变得更美好。为了缩短这种距离，我们还需要在理想和现实的对比中寻找自己所期望的境界，这样才能使理想和现实之间的紧张关系得以维持。具体而言，交往“理想”“现实”和“期望”三种形态存在着不同的特点。

交往中理想的目标是：在和谐共处中实现个性与人格的完美，并确保个体的充分自由发展、自我决定和自我实现，从而实现受教育的所有人都有有价值、有意义的人生；我们所设定的“期望”是：在交流中，能够相互了解、达成一致。

在交往的初始阶段，最理想的目标是：让交往者有同样的机会去接受和拒绝；但事实是：作为对象的学生，在教育上的选择余地很小。很明显，直接在“绝对不公平”的交往习惯中达到“绝对平等”，这似乎有些“好高骛远”，在许多人眼中是“乌托邦”。为了使自己更好地实现自己的理想，我们应该设定“希望”的目标：将学生视为与教师一样具有人格尊严的活生生的人，在与人的交往中，最大限度地减少对其的操纵。

关于交往的内容，最好是：让对方有同样的机会去谈论某一话题；实际上，教学内容通常是教师自己决定的，或按照课程的大纲和方案来决定的。根据学生发展的规律、教育规律和实际的管理制度，提出了“希望”：教师和学生结合实际情况进行讨论，以使教学效果最好。对教育进行了很大的指导作用的建构主义认为，如果没有必要，一门课程的核心内容是可以被固定的。否则就无法进行相关的知识的传授，但是应该给学生留下更多的修改和增补的余地。这种开放性的认识与决策，可以促使教师把自己对教学内容的思考和经验的认识融入课堂中，同时也给学生提供了更多的思考空间，使他们能够主动提出自己的学习问题，具有很强的可操作性。

在沟通的程序和方法方面，最好的办法是：让每一位交往者都有同样的机会表达自己的观点，即对话、理解和分享；实际上，在教学中，教师主要是向所有的学生进行单向的沟通，而教师则严格地控制着交往的进行，往往只有教师才有发表自己见解的机会。教师与学生在知识、心理成熟、社会经验等方面存在着一定的差距，使“师生全面平等的对话”显得太过理想化，实际操作起来也比较困难。因此，我们在教学中设定了“可逆转”的期望状态，使学生能够质疑教师和课本上的观点。

在交往的每一个环节或细节中，都隐藏着理想与现实的冲突、碰撞，为了不让理想破灭，要在理想与现实的关系中保持张力，找到一种途径或方法来实现自己的目标。

# 第五章　品德与心理健康教育

## 第一节　品德与品德培养

### 一、品德的概述

#### （一）道德与品质道德的定义

1. **道德**

道德是一种社会意识形态，是协调人与人、个人与社会、集体之间关系的行为准则和规范的集合，它依靠社会的舆论、各种形式的习惯、传统和教育，对人们的思想言行起到约束作用。

“道德”这个词在很早之前就被各个国家所采用。道德不仅是人的行为准则，同时也是人判断是非的尺度。凡是遵守道德准则的人，都会被看作是高尚的、有道德的，会得到社会的认可和称赞，而他们自己也会觉得很自在；而那些违背道德准则的人，则会被看作是不道德的、卑鄙的，会被社会的舆论所批判和否定，他们自己也会觉得很惭愧。善和恶、正和邪、荣耀和羞愧、正直和狡猾、真诚和虚伪，都是人们在进行道德评估时常用的基本概念。

道德是辨别是非、善恶的标准，但却并非一成不变的，而是随着社会的发展和经济基础的变化而变化。在阶级社会中，道德体现了不同阶层的政治、经济状况，并具有明显的阶级性。历史唯物论认为，道德是以经济基础为基础的，我们现在所说的道德也应该是时代性的，它应该反映出我们经济制度的改革开放所引起的深刻变化，以及新技术革命对我国社会生活带来的重要影响。

### 2. 品质道德

品质道德就是品德，是一个人按照他所制定的道德规范行事时所具有的一种稳定性取向。比如，助人为乐，文明讲理，热爱祖国，勤奋学习，遵纪守法，热爱劳动等。品德体现在个人的道德行为中，但有时或短期的道德行为并不能完全反映一个人的某种品质。我们可以说，一个人只有具备了某种道德准则，才能在道德准则的指引下养成一种美德。正如黑格尔所言，一个人在道德上做出这样或那样的行为，是不能被称为美德的；他的品德只有在他的性格里形成了一种固定的品质，才能称得上是一种美德。

### 3. 道德与品质道德的关系

道德与品德是不同但紧密相连的两个概念。第一，道德是一种社会现象，它是一种调节人与人之间关系的行为准则；第二，道德的生成与发展是受社会发展规律影响的，并不因个人的存在和他人的品德而改变。道德规范的形成与发展既受社会生活环境的影响，又受个体生理、心理等内在因素的制约。因而，在同一社会背景和教育背景下，大学生的品质道德也会有差异；第三，伦理是社会学的研究对象，它是一个社会的伦理准则，而它如何根据历史规律发生和发展，这是伦理或者社会学所要探讨的问题；第四，心理学的研究还包括道德的内容和教育方式，但是心理学的首要任务是探究道德的心理结构及其产生和发展的心理规律，以便为教育学的论述提供科学的理论基础。品德与道德的内涵通常具有不同的文化背景与阶层，而其存在的形态与法则又具有普遍性，因而，国外关于道德的相关研究也具有一定的借鉴意义。

道德与品质道德的关系主要体现在以下几个方面：首先，个人品德是社会道德的一个重要组成部分，如果没有社会道德，那么，个人品德的发生、发展与社会发展的规律都会受社会发展的规律所约束；其次，品德的形成并非遗传的，而是在社会环境的影响下，由社会的道德观念、学校的道德教育、家庭成员的潜意识的影响，以及他们自身的行为所造成的；此外，品质道德和个性之间有着紧密的联系。

品德与性格、人格等概念的区别在于，品德是人格中最具道德价值的一种，人格使一个人在对待现实的态度和行动上相对持续、稳定。同时，还可以反映个人的思想取向和行为方式。人格的一个层次是道德评价，一个是非道德评价。前者如正直、诚实、勤奋等，都是公认的优秀品质，而偏见、自私、虚伪、懒惰等都是坏品质；外向、内向、乐观、沉默寡言等不能被用来衡量。上述人格特质中所包含的道德价值，即为品德。所以，道德和人格之间存在着重叠但又不是完全一致的地方，我们应该对它们进行考察，同时也要注意它们之间的差异。

## （二）品质道德的精神构造

品质道德的精神构造是非常复杂的。在分析人的某一种行为时，我们可以看到，某些外在的行动是由某种思想和感情所决定的，而决定它的因素有两个方面，一是外在的原因（诱因），一是内在的需求。人类道德行为的形成，在本质上也是一个包含着诸多相似的心理因素的过程。然而，关于人的道德可以分成什么样的心理成分，学者们的观点也不尽相同。有人认为道德是由道德知识和道德意图构成的；有人认为道德是由道德认识、道德情感和道德行为构成的。有人主张其包括道德认识、道德情感、道德意志、道德行为。有的则主张其由道德信仰、道德情感、道德认识、道德行为、道德意志构成。还有人认为道德由六个因素构成：道德动机、道德情感、道德认识、道德行动、道德自我评价、道德意志。

但仔细分析比较后，会发现道德的心理构成中所含有的基本心理成分是相同的，但也有一些理论对它们进行了更细致的分类。

### 1. 道德认识

道德认识又叫作“道德观念”。道德认识是对道德规范和道德实践的理解，包括道德概念、道德命题等。道德认识的结果就是个人的道德价值观的发展，而道德价值观则是对各种关系到别人利益的行动价值的归纳，是一种规范的观点。个体根据自身的伦理价值观，对自己或别人行为的对与错进行评判。

### 2. 道德情感

道德情感是一种与伦理思想相伴而生的感情。当个体对自己的行动或对别人的行动做出道德评判时，就会产生与这种判断相关的情绪。道德情感包括集体荣誉感、责任感、爱国主义情感等。在表现形式上，有道德意象激发的情感、道德理想、道德信念等。

当道德情感、道德认识、道德价值观成为道德行为的内在驱动力时，道德认识、道德情感、道德价值观就是道德激励。道德情操与道德价值观是激励人们进行道德行为的内在动力，而对道德准则的认识又是一种特殊的道德动机，可以引导人们的道德行为。

### 3. 道德信仰

在道德实践活动中，当某种道德认识与相应的道德情感相互联系、相互呼应时，就会形成一种高层次的道德动力，也就是“道德信仰”。道德信仰是一种自觉的倾向性，即人们相信道德标准和准则，并且愿意将之作为自己的行动指导。研究发现，信仰是认知与情绪的“合金”，是个人发展的内在动力，它能促进个体的自觉的道德行动。

### 4. 道德意志

道德意志主要是指个体为了达到某种道德目标而有意识地调整自己的行为，战胜自己的困境。道德意志和道德观紧密地结合在一起，没有道德观，道德意志就不能作为。然而，道德意志并不等同于道德行动，道德行动是一种内在的调控行动，而道德意志则是一种道德知识的能动性，即人类运用自身的知觉，运用理性的平衡，来处理道德生活中的内在矛盾和主导行为。意志的活动过程包括：在脑海中形成多种不同的行动计划；对不同行动计划的结果进行预测；对行动之后的正反两方面进行评估；根据自己的决策行事；总结实际生活中的结果；对行为结果进行反馈；思考对心理结构的影响。如果预言被证实是正确的，那么它的心理结构就会得到强化，如果预言是错误的，那么它就会被改变。

### 5. 道德行为

道德行为是道德动机的外在表现。道德行为是学者关心的一种道德因素，它既是社会和教育家对个人的要求，也是对个人行为的高度复杂性的反应。道德操守是人的一个重要指标。一个学生的品质道德，最重要的不在于他的认知，而在于他的言行。一个有强烈愿望却又没有自我控制能力的人，其行为会违背是非对错的观点，这在品质道德低下的人身上是很常见的。

上述各类心理成分从道德结构中分开，仅供学习与研究之用。其实，道德人格的各种基本心理要素，在不同的位置、不同的功能下，既不能相互取代，也不能完全分离，而是相互制约、相互联系、相互渗透、相互促进、相互影响，构成了一个完整的人的精神结构。道德认知为道德行为的整体心理构造打下了思想基础，道德认知在某种程度上影响了道德的形成方向、内容和速度。道德情感与道德意志是影响道德认知与道德行为的两个主要因素，是两者之间的桥梁，道德情感的推进和道德意志的延续效应被形象地比喻为"催化剂"与"凝固剂"。没有深厚的道德情感，就很难形成牢固的道德信仰，因而也就无法产生正面的态度；没有强大的道德意志，经受不住诱惑，很容易动摇，就算养成了优良的品格，也很难保持下去。道德行为往往被看作是道德形成的最后一步，也是衡量人的道德素质的最主要指标。道德行为在某种程度上也是一种对其他心理因素的考验，起到加固和调节作用。不能正确地把握道德行为，培养正确的道德习惯，就无法体现、塑造品德。由此可见，它们之间的联系是不可分割的。

## 二、道德形成的历程和培养方法

### （一）道德认识的形成和发展

#### 1. 掌握道德含义

没有对道德知识的理解，就无法形成道德观念。对道德知识的理解，是让受教育者理解特定的行为规范和实施该规范的原因。要真正理解这些道德观念，需要明白，在这个过程中，很多有关知识学习的法则都是一样的，比如，在学习观念时，我们应该知道怎样界定概念，怎样界定它的主要性质和不能变化的性质，给出肯定的例子和否定的例子，这些都是我们学习道德观念的重要内容。

道德观念不仅仅是一种与人类社会行为相关的知识，还是以大量的道德现象为基础，经过综合、分析、概括和抽象而逐步发展起来的。学生对道德观念的理解，是从个别的、具体的、概括性的，再到对抽象的道德观念的理解。教师要从学生的思想发展特征和观念形成的规律入手，培养学生正确的思想观念。在教学中，要教导学生正确认识道德的含义，加强对道德的认识，营造丰富的、形象的感性体验，并以此作为支撑，加深对抽象概念的认识，纠正学生的某些错误和模糊的认识。比如，有些学生将敬重教师视为逢迎教师或者一味奉承教师，有的学生将敢于顶撞教师视为勇敢的行为，有的学生将不遵守纪律和打架斗殴看作是一种英雄的行为，袒护学生的过失则被当作是友谊的体现，报告教师情况是出卖学生的表现等。有些时候，学生理解了一些伦理规范和观念，却不能马上采纳，有时会产生对抗甚至拒绝接受教育工作者的请求，这也许是因为学生存在某种“意义障碍”。当语言表达障碍发生时，教师要尽可能地解决这些问题，比如针对具有普遍意义的问题，组织学生进行讨论，找出其本质和成因。

#### 2. 培养道德评估的能力

道德评估是利用现有的或正在掌握的道德标准或观念，对他人的行为、品质做出正确、善恶的判断。人们经常进行道德评估，不但可以强化和拓展道德经验，加深对道德含义的认识，增强分辨是非的能力，还可以增强道德经验和控制行为的心理力量。

学生的德育评价能力是在社会生活中，在舆论与他人的评价、教育作用下，逐渐形成和发展起来的。先从教师或他人的评语中学习，到独立地评判他人，再到自己的行动。道德评估能力的培养是道德认知形成过程中的一个重要环节。要增强学生的道德评判能力，教师应注重对学生进行道德评估的示范，运用教科书和生活中的典型实例，对其进行简洁、准确地评价。同时，要积极组织学生参与德育评估，使其从“他人”“自我”“外在”向“全面”转变，逐渐形成和发展学生的“德育”能力和“德育”习惯。

## （二）道德情感的养成

### 1. 道德情感的内涵

道德认识和道德情感共同作用于人们的道德行为，是促使或阻止人们产生某行为的内部驱动力。道德情感的内涵是道德自觉的具体体现，它具有时代特征和阶段性特征。社会主义社会中的道德情感包括自尊感、荣誉感、责任感、友谊感、爱国主义情感、集体主义情感、同志情感。以上几种情感相互关联，其中一些情感常常以单一的形式表现出来。爱国主义教育是德育的核心。责任感、荣誉感等都是很重要的，要与道德信仰紧密相连，要认识到个人与他人的关系、个人对社会、对国家的责任。

### 2. 道德情感的表达

（1）直觉的道德观念

直觉的道德观念是由特定环境所引发，并能快速地产生道德导向的情绪经验。由于它是凭直觉，当你感觉到特定的情况时，你会很快地感受到一种正面或负面的情感经验，比如抵抗一次突如其来的冲动或进行一次果断的行为。人们在经历这些经验的时候，常常对道德和行为规范的认识不够清晰，而且好像没有自觉性。然而，这种情感的经验并非无中生有，而是与过去的经验、道德取向、成败经验以及周边的舆论息息相关。所以，要在平常的社会舆论中，从正确对待集体、对待舆论等方面进行适当的培训，能够在一定的环境中形成直观的情感体验，并很快地做出道德行动。

（2）想象的道德观念

想象的道德观念是一种更有意识的情绪经验，它与一个具有道德价值的人物或事物联系在一起。比如，一想到白求恩，他的世界观和爱国情操就会从心中激发出来，而雷锋的伟岸形象，就会使人产生一种自我牺牲的强烈责任感。这种意象是一种社会伦理经验的范例，它能让人认识到伦理的社会价值，进而拓展和加深个体的道德体验。这种意象既具有鲜明的感染力，也具有很强的干扰力，能与人的情绪产生共鸣，从而激发人的道德行为。要培养这一道德意识，教育工作者必须经常运用具有道德教育意义的文学作品来影响或使他们自己与人物进行对比、体验。

（3）伦理的道德观念

伦理的道德观念是一种最具有普遍性的情感体验，它将道德的感性与理性认识有机地结合起来，并对道德需求和道德内涵有更深刻的理解。它是一种深刻的、持久的、具有强大力量的情感，例如爱国情感，就是一种伦理的道德感；还如爱故乡，爱党，爱人民，爱国家，爱国旗，爱父母，爱母校，憎恨旧的社会制度，憎恨敌人，热爱共产主义理想，热爱工作等。然而，只有在人们认识到个人与国家之间的联系、个人对国家的责任和对国家的忠诚、国家的繁荣对人类社会的发展所产生的影响，这些经验才会变成一种深刻而持久的道德情感。这种道德意识的养成是一个循序渐进的过程，不能仓促地对学生进行讲解，也不能因受干扰而不作必要的解释。对学生进行动之以情的教育，再依据他们的理解力，适时的晓之以理，使他们能够把自己的道德经验归纳到道德的理论知识之上，形成深刻的、自觉的道德感。

### 3. 培养学生的道德情感的方式

第一，丰富学生的相关道德意识，将其融入不同的情感经验中。例如，对学生所做的好事，要从道德上肯定、赞赏、赞美，让他们产生自豪、愉快的体验；相反，对他们所做的不道德的事情，要加以谴责，从而产生愤怒、羞愧、不愉快的体验。道德情感和道德认知有着紧密的关系，道德情感往往基于某种道德认知，并伴随着它的发展而不断发展。如果我们缺少对某些东西的认知，那么我们就不会对这些东西产生爱和恨。个人的道德认知水平往往会限制其道德情感的层次，而更高层次的理论道德情感往往建立在个人对某种道德伦理的掌控之上。所以，要使大学生的道德情感得到进一步的发展和完善，就必须通过这种方式来实现。

第二，通过具体、生动的意象来激发学生的道德情感。教师要善于运用文学作品中的具体意象，以唤起学生的情感感受，并将间接的道德实践经验与情感内容相结合，在学生心中塑造英雄模范的光辉形象，从而引起情感上的共鸣。优秀的文艺作品能深入地反映社会生活的本质，唤起人们对真、善、美的热爱与追求，憎恨恶、假、丑，能激发学生的情绪体验，具有独特的陶冶情操的功能，是一种行之有效的德育、情感教育手段。

第三，以特定的情感为依据，对道德概念、道德理论进行阐释，从而不断概括和深化学生道德体验。比如，爱国情怀是在热爱家乡、热爱劳动、热爱人民的感情中产生的。然而，只有真正理解爱国主义的本质和内涵，才能使学生不受“温情”“乡土”等思想的局限。所以，我们在发展理性情绪时，既要关注其广泛化，又要重视深入发展，进而提升其道德认知的层次。

第四，要注重培养学生的情绪调节能力，注意在德育过程中容易产生的情感障碍，并及时解决。在某些情况下，学生的情绪会有一定的波动，这是很正常的，但是，由于对道德的认识和态度不正确，会造成情绪上的过激反应，从而产生负面的情绪，甚至是不道德的情绪。例如，为自己的成绩感到开心，为自己的成绩而欢呼、骄傲，而在其他学生面前耀武扬威，那是一种不道德的行为。要想使学生学会调整情绪，首先要注意的是：不能简单地禁止，要有耐心地劝说、引导学生转变负面情绪的想法和观念；要避免猜测、怀疑，以免造成学生情绪上的负面情绪（如憎恨、冷漠、敌意）；要运用正面情绪来战胜负面情绪。通过对情绪表达的预测，防止不适当情绪的形成，增强对情绪的控制。

第五，注重教师的情感教育。教学是一种师生参与的活动，在此过程中，教师情绪的本质和特征会对教学产生很大的影响。教学实践也证实了教师与学生的良好情感基础是教育成功的先决条件。人的情绪具有很强的感染力，教师与学生的交往是其教学的动力。教师对学生的真诚关爱会激发学生对教师的信任和亲切感，并愿意接受教师的教导。而教师的爱心也是学生获得正面情绪经验的主要源泉。因此，要使学生的道德情感得到提高，教师就必须要有这样的情感。

### （三）道德信仰的养成和发展

道德信仰是一种较高层次的道德动机，它是促使学生进行道德行为的一种强有力的内在动力。它能让人的道德行为具有一贯性，从而成为大学生品德形成的重要条件。

研究发现，大学生道德信仰的形成与建立是一个漫长的历史过程，并呈现出一定的阶段性特征。人们曾经以道德认知的稳定性和道德观念的影响程度作为衡量标准，对学生的道德信仰的形成与发展进行了初步的探讨：一是理解道德的需要，掌握了知识，接受了相关的教育；二是对自己的经验的信任，相信自己的经验是对的（不管对不对）；三是建立信仰或理念，让他们理解自己的行为。信仰通常有两种特征：一是有感情的，根据信仰的行为会产生积极或消极的感情；二是有“习惯性”，往往会根据自己的信仰行事。

如何让学生在道德认知、道德情感的基础上，培养他们的道德信仰？教师要重视以下方面：

第一，教育家的言行是否符合。教师和父母通常有两种方式向学生传达社会道德准则：一种是口头解释或说服，另一种是表现自己。由于学生的模仿能力较强，而生动的榜样比抽象的话语更有感染力和说服力。如果成年人说得有理有据，而他们所产生的行为又是另外一回事，那就会削弱他们的道德诉求。心理学研究显示，教师的语言与行为是否一致直接关系到受教育者是否遵守规则。

第二，让学生在实践中积累经验。将个体的道德认知转化为行为的一个重要条件，就是要确认自己或其所属团体的行为是正确的。否则，即使人们听到或记住了它们的社会含义，它们也不能真正变成自己的东西，也不能控制自己的行动。如果一个学生在他或他人身边遵循了他的道德规范，得到了所有人的赞扬，而不是受到挫折或者被公众所指责，那么，他们就会明白和信任大人和教师的道德标准是正确的，并且努力按照他们的要求去做。只有在这个时候，他的道德认知才会产生动力和情感，并转变成信仰。

第三，培养学生的科学世界观。通过将一定的道德准则和科学的世界观相结合，使他们对道德的本质和必然性有了更深的认识，进而使他们的道德信仰更加牢固。

### （四）道德行为的养成

学生的道德面貌是道德行为的一种外在体现，而学生的道德也是由其自身的行为形成并牢固的，因而道德行为是衡量一个人的道德素质的重要指标。道德养成与道德内化的内涵、起点、侧重点各不相同，适合的青少年群体也不尽相同。道德养成是道德内化的根本，而道德的内化则是道德养成的深度化，二者是相互作用、相互促进的机制，并以此机制保证了道德主体的道德行为习惯的形成、积累和确立。从基本的品德培养入手，对道德的培养与内化的规律进行深入探讨与遵循，探索两者的互动机理等。从总体上促进了大学生的品德建设，健全了良好的品德品格。

#### 1. 激励道德动机

道德动机是促使人们进行行为的内部动因。要对学生的行为进行正确的道德评估，首先要理解其行为的动机。在相同的行为中，因动机的差异，会导致性格上的差异。比如，我们要学生批判某些不良的倾向，如果他们是出于原则性的目的来批判，那么，他们就会养成坦率、坚强、原则性的性格；如果他们的目的是保护自己，那么，他们的行为就是一个投机的恶习；如果他们的行为是出于私人的愤怒和私人的复仇，那么，他们的性格就会变得虚伪、狭隘；如果是迎合领导和教师的愿望，或者是出于虚荣，那么就会养成从众、唯唯诺诺的性格。所以，学生在道德上积累正面的行为体验很重要，但要达到这种目的，必须要有崇高的动机。

行动是由动机而起，而动力是由需求而生。所以，教师必须研究人的需求，特别是特殊的需求结构，以及矛盾的运动；要不断地满足学生的需求，以满足他们的高层次的精神需求；在教学方式上，主要依靠表扬、批评和竞争，因人而异。

#### 2. 掌握道德操守方法

道德行为的形成需要对道德准则进行把握，而在学生中，往往会因为缺少正确的行为而发生一些不良的事情。因此，在引导学生建立起道德动机的过程中，教师要引导他们选择正确的行为方法来达到自己的目的。要做到这一点，教师要做到：让学生认识到社会的伦理、学校的制度，知道最基本的行为准则。比如，用图片、播放幻灯片等方法，让学生了解学生的行为准则，并进行行为训练；组织学生进行道德行为的分析、讨论，使学生学习正确的道德行为；要对发生在学生身上的不良后果进行认真的剖析，鼓励他们在课堂上表达自己的思想、情感和动机，并在课堂上确认自己的道德动机，直接指出某些不良行为的错误点，从而提出相应的解决办法。

#### 3. 养成有道德的行为习惯

要实现职业道德的制度化和自动化，就必须培养职业道德的行为。道德习惯是指在特定条件下，经常地、稳定地、自然地产生的一种道德行为模式。好的行为习惯是一个人从一次很小的道德行为转变成一种品质道德的重要因素。培养学生的道德行为习惯，主要有两个方面：一是培养学生的良好行为习惯，二是在新环境下进行道德素质的转变。

为了让学生在有意识的训练中有效地养成道德习惯，必须让他们认识到这些活动的社会重要性，培养他们自发的实践意愿。在一定程度上建立采取行动的条件，包括对集体的监督，让他们知道自己的行为和训练的进展，并能在训练过程中加强他们的耐心和训练，避免他们在训练过程中失去耐心和偏离目标；纠正坏的习惯。在消除学生的恶习时，要让他们了解这些恶习的危害，并增强他们战胜恶习的信心，采取合理奖惩、行动替代、矛盾反应等方法。

#### 4. 锻炼道德意志

学生既有了一定的道德动机，又有了某种行为方法，还需要有强大的道德意志，才能把这种行为坚持到底。道德意志能够驱使行动的主体，根据伦理准则的需要，体验内在的矛盾，用道德的动力去克服非道德的动力。

道德意志的发展历程包括三个基本的阶段：决心、信心、恒心。决心是意志的最初阶段，它需要经历各种动机的斗争，明确目标，分析形势，选择方法，作出决定。信心是意志发展过程中的第二个步骤，同样包含一系列复杂的心理活动，最终确定目标的正确性和可行性。恒心是意志活动的第三个关键环节。光有决心、有信心是不够的，有了恒心，就能用坚忍不拔的精神和意志来完成道德行为。三个阶段紧密联系，相互促进。

在学生品德形成的过程中，往往会出现以下情况：接受了道德要求，有了道德行为目标，但没有相应的行为；有些学生已经采取了具体的行动，但因为无法排除干扰、克服某些困难而未能达到预期的行为目的。上述这些问题大多是因为自我控制能力不强，没有毅力，道德意志软弱以及缺少调控和控制行为的能力。因此，教育工作者在培养学生的道德意志思想时，需要采取以下措施：一是让学生明白道德意志思想的含义，给他们树立一个好的学习榜样，激发他们的意志；二是及时地表彰学生在活动中所做的努力。针对学生的意愿类型，采用有差别的训练方法，因材施教、因人而异；三是指导学生在锻炼意志的过程中，及时总结出失败的教训和成功的经验，培养他们的自信心和主动性。

总之，道德认识、道德信念、道德情感、道德行为和道德意志五者之间相互联系、相互制约、相互渗透、相互促进。在德育工作中，教师要做到知、信、情、行、意和谐发展。

# 第二节　心理健康教育

人的道德是在特定的心理层次上形成的，而精神状态是形成和发展道德的重要条件和保障。加强大学生的心理健康教育，对大学生的道德修养和发展起着至关重要的作用，有利于促进他们素质、个性的全面发展。

## 一、心理健康的标准和意义

### （一）心理健康的界定

关于心理健康的定义，长期以来都存在着争论。到现在为止，还没有一个确切的、被接受的定义。有人说，心理健康就是一个人没有任何的精神疾病。这是大多数临床心理医师乐于接受的定义。从他们的角度来看，不健康的对立面是“健康”，而最直接的心理健康则是“无症状”。这一观点过于狭隘和消极。

许多学者都相信，心理健康是一种最好的机能状态，它使人既不会患上精神上的疾病，又能使人充满生机，使人的潜力得到充分开发。一些心理学家从统计学角度对心理健康进行了界定，他们使用了统计上的正常分布方法，以他们的心质的平均值来衡量健康和不健康。虽然这一看法较为具体、客观，但也容易将“健康”和“不健康”问题绝对化。由于心理健康是一个相对的概念，所以在健康和不健康这两个方面没有明显的界线。有些社工将健康和不健康按照社会标准分为两类，即心理健康是一种既能被社会所接受又能为自身带来幸福的社会行为。很多人都会把自己的身体和不健康区分开来，如果一个人能够很好地适应周围的环境，那么他的精神就会变得健康。这个看法是有道理的，但是，适应能力和心理健康还是有一定区别的。

虽然以上定义在其涵盖范围和揭示心理健康的实质等方面都存在着一些限制，但是它们分别从不同的视角、不同的尺度对其进行了界定，有助于我们更好地了解心理健康。通过对国内外有关文献的分析，心理健康是指个人在不同的情况下，始终处于一种较好的心理状态，并在与外部环境的互动中，不断地调节自身的心理结构，使之与周围的环境保持和谐，逐步提升自己的精神发展和人格品质。心理健康是指个人在个性心理、心理过程等方面所具备的基本素质。个体与环境的互动是个体的内在心理特征所致，个体在不断地适应和作用中，又发展、完善个体的人格品质。

因为人的精神内涵非常丰富，其心理结构也非常复杂。因此，以上的定义很难覆盖其内涵。要真正揭示心理健康的实质，还有待于更深层次的探讨。

总体而言，心理健康者会对自己好，对别人也很友好，对周围的环境有很好的适应能力，有良好的情感，有良好的性格。心理健康的人，偶尔会有痛苦和烦恼，但他们能够在适当的时候，从痛苦和烦恼中解放出来，积极寻找新的方法去改变自己的处境。他们可以深刻地体会到生活的严峻与矛盾的无法避免，也可以对人性中的阴阳善恶有更深刻的认识。他们能够自由、适度地表达自己的个性，与周围的环境融为一体。他们擅长持续的学习，充分运用各种资源，使自己变得更加强大。他们也会过上更好的生活，懂得知足常乐。他们不会钻牛角尖，能从另一个角度来看问题。

### （二）心理健康标准

心理健康和身体健康一样，都有一个相对客观的标准。人们的精神是如何被认为是健康的，用什么样的标准来衡量，到目前为止，还没有一个确切的答案。大部分学者通过心理健康的表现来描绘出心理健康的大致轮廓。举例来说，美国知名心理学家马斯洛等人提出，心理健康的十项标准包括：（1）充分的安全感；（2）充分了解自己，并对自己的能力作适当的估价；（3）生活的目标切合实际；（4）与现实的环境保持接触；（5）能保持人格的完整与和谐；（6）具有从经验中学习的能力；（7）能保持良好的人际关系；（8）适度的情绪表达与控制；（9）在不违背社会规范的条件下，对个人的基本需要做恰当的满足；（10）在不违背社会规范的条件下，能做有限度的个性发挥。傅连认为，心理健康的标准是：思维活跃、心情愉悦、精力旺盛、情绪稳定、注意力集中、工作和学习效率高、意志坚定。虽然中外学者的用语和侧重点各有不同，但其基本观点是一致的：认知水平正常，情绪稳定愉快，意志行动与客观现实保持正面的平衡，人格特点较好。本书结合国内外有关文献，结合大学生的心理发展特征，提出了对大学生心理健康的测量方法。

#### 1. 认知能力

人们对知识的理解，集中体现在知识的相关活动上。正常的智力活动是人的学习、工作和生活所必需的心理状态，是人与外界的动态平衡的最主要的保证。在不同的智力发展水平下，心理健康的学生可以将他们的聪明才智和才能有效地应用于学业，能够以更客观的眼光去面对现实，不主观和固执，能够积极地理解和改造社会生活中的各种问题、困难和矛盾，而不是逃避现实和空想。

2. 情绪稳定

情绪健康和稳定是心理健康的重要指标。健康稳定的情绪可以让人以正面的心态面对现实，以更好的方式学习、工作，理性地调整自己的情绪。教师要对学生进行有效的心理健康教育，必须具备一定的心理健康知识。学生的学习生活主要靠教师来完成。无论课堂学习、课外活动、家庭作业，教师都要认真思考怎样才能保持好学生的良好的心理状态。在预防疲劳、预防过度焦虑、缓解紧张情绪等方面，教师都需要采取一些具体的措施。教师要善于创造和谐、愉快的气氛，营造良好的学习氛围，激发学生的学习兴趣，让他们快乐地学习，快乐地成长，保持良好的健康的心理。因为现在学生的学业负担过重，经常应考使学生产生不好的情绪，教师们要帮助学生们建立积极的心态面对现实的问题。

3. 意志坚定

心理健康的学生能够自主地作出决策，行为目标清晰，能够尊重他人的观点，不盲目地服从他人，能够按照活动的需要，自觉地调整和控制自己的行为，抑制自己的非理性的欲望；能够集中精力于一项学习或活动，并能做到善始善终。心理健康的学生在面对挫折、焦虑时，能够做出理性的应对，不会轻易放弃，敢于追求自己的目标，能够克服生活、学习上的挫折，高效地完成各种学习任务，具有很强的承受力，能够从失败中吸取教训和经验。

4. 适当的举止

心理健康的学生表现出良好的协调和反应能力。行为协调是指人们的行动是连贯的、统一的，而不是多变的，它是一种精神活动与行动的和谐统一，以及在同样或相似情形下的行动的连贯性。所谓“反应”，就是不会太过敏感，也不会太过迟钝，而刺激的强度和反应的强度是有一定的相关性的，在平静的时候可以冷静，在激烈的时候可以兴奋，在受到不同刺激的时候会做出适当的反应。心理健康的大学生也可以用某种社会行为准则来约束自己的行为，以达到社会的标准，当他们发现自己的行为与社会的需要发生冲突时，就可以改变自己的行为。

5. 良好的人际关系

良好的人际关系，既是维持心理健康的必要前提，又是心理健康的一种内部需求。具备良好的人际关系态度和技巧的心理健康的学生，能尊重、信任、真诚、友谊、礼貌、谦让，能客观地理解他人的需要、情感、个性和兴趣，尊重他人的观点和权利，真诚地赞扬和学习他人的长处，真诚地批评和帮助他人纠正自己的错误和缺点，与身边的人友爱、友好、互助合作，维持和发展良好的关系，并能从中寻找人生的快乐和友谊。

6. 良好的社会适应能力

一个人的社会适应性是否良好，是衡量一个人精神状态的重要指标。人在社会环境中生存，为了获得发展，就必须与环境相适应。尤其是当今社会，人们面对的是高效率、快节奏的生活和工作，对适应能力的要求也越来越高。适应是指能够面对现实，把握现实，并能将自身的需求与现实联系在一起，能够随着客观情况的发展和改变而不断地调整自己的期望和态度，并做出相应的适应性改变，以适应不断改变的人生。它反映了自身良好的心理状态，表现了自己的行为的正确和协调，表现了自己的意愿和承受能力，对社会作出了积极的贡献。

7. 正视自己

一个人如何看待自己就是自我观。一个人的正确的自我观，主要体现在以下几个方面：一是能够客观地看待自己，不会高估自己的能力，不会轻视自己，懂得自己的长处、短处和各方面的情况，并且能够准确地把握和处理自己的变化；二是对自己的潜力和优点能够发扬，对自己的短处也要尽力去克服和纠正；三是拥有正确的自知之明，他们能够正确地看待成功和失败，他们不会因为自己的成就而骄傲，也不会因为自己的失败而自卑。

8. 协调个性发展

心理健康的大学生不但拥有良好的人格素质，还能促进人格内在各因素的和谐发展，达到了一种动态平衡的状态。人格发展的协调也是个人与行为的和谐统一。在个性和谐发展过程中，学生的主体性可以得到最大限度的发挥，这样既与学生的认知规律相一致，又能使学生从更多的角度来看待问题，从宽广的视野中汲取知识。让学生们学会协调每个人的个性，通过合作学习促进每个人都在成长，充分发挥个人的潜力，让每一个人都有机会发展自己的长处。

以上各方面都有关联。一个人的精神不健全，并不是在所有方面都体现，但常常会在某一个或两个方面出现严重的不正常。以上内容是为了提高大学生的心理素质，对不同年龄段的学生，其要求应该有一定的层次性。我们认为，一个学生心理健康状况的好坏，主要取决于他的心理活动和性格特征是否与大部分人，尤其是同龄人的心理活动和性格特征相符合，而不是单纯的“对号入座”。一个人的行为与他所在的年龄有很大的偏差，通常是一种心理上的不良情况。心理健康和心理疾病并非绝对，只是在程度上存在差异，并无严格的界限。所以要仔细地观察，要结合每个人的具体情况。

## 二、心理健康教育的方法和意义

### （一）心理健康教育的内涵

从广义上讲，心理健康教育是指通过开展旨在促进人类心理健康的教育活动来促进人们的心理健康，使他们了解怎样实现这种目标，从而使他们能够做出有利于心理健康的行为，以及在需要时，学习怎样寻求恰当的帮助，以保护和提高心理健康。学校心理健康教育，是指教师在满足某种心理健康需求的前提下，采取恰当的教育方式和方法，以保持学生的心理健康，培养其良好的心理素质和人格，提高其在将来可能遭受的心理冲击时的适应能力，从而促进其心理健康的发展。具体来说，是指认知、情感、意志、个性、人际关系等心理内容的总和。其主要目标是培养学生的身体和精神潜能，使新一代的合格公民具备良好的精神品质。

在心理健康方面，人们经常会碰到“心理卫生”这个词。关于心理卫生，目前学术界有三种不同的认识：一是心理健康，二是研究如何保持和提高心理健康，三是服务工作，保持和改善心理健康。第一个理解的来源是“卫生”这个单词在英语中的含义，它的含义是健康，但是英语中“卫生”这个单词本身就含有“保持健康”的含义。第二个观点是，将“卫生”视为一个课题，也就是心理健康。所以，心理卫生这个词通常是指第三种意义，也就是各种活动和措施，目的是保持和改善人们的心理健康。

从这一点可以看出，心理卫生与心理健康教育都是以保持和提高人民的心理健康为目的的一种社会实践。而心理健康教育则侧重于心理健康的正面意义，即注重培养个性、增强社会适应性、充分挖掘人们的潜力与创造力，促进其心理健康。同时，心理卫生教育也是以发展为目的，面向所有人，最后提升所有人的心理健康水平。尽管学校的整体心理卫生教育体系应当包含心理咨询和心理辅导，但是由于学校的教育特性，必须以教育为主要内容，仅依靠心理辅导将其“咨询化”，有悖于学校教育的本质，也不符合我国目前的国情。

心理健康工作是一项复杂而艰巨的实践工作。在人类的社会生活中，影响心理健康的因素有很多，而由于其自身的内在特性，人们健康和不健康的表现不易判断。因此，在维护、预防、治疗等方面存在较大的困难。与其他学校的教育活动不同，心理健康教育具有自己的特点。大学生的心理健康教育是一种自我教育，有利于学生的成长和发展。其根本目的不在于依赖于教师的说教和社会准则，而在于教师与学生之间的积极的人际交往，引导他们自觉主动地参与其中，经过自我体验、自我实践，树立起自信、自尊，再达到自助。大学生的心理素质是其内在属性。因此，在实施心理健康教育时，应充分注意学生的主体性，并发挥其自我调控功能。大学生拥有一个健康的心理状态，是实现自我发展的内在动力。如果教育者不能调动学生的内在动力，使其主动、积极接受教育就很难取得有效的效果。

### （二）心理健康教育的重要作用

大学阶段是大学生生涯发展的重要时期，而大学生又是一群具有高素质的青年，他们具有理性、敏感和激情，具有创造性和挑战性。然而，在快速变化的社会、激烈的市场环境下，学生在学习、专业、就业、经济、情感等众多因素的影响下，常常感到手足无措，出现种种的情绪变化。当代大学生心理健康中值得重视的几个问题：一是学习目的不明确；二是自我贬低；三是报复心理；四是关于男女关系的迷茫；五是不乐观。大学生中普遍存在的心理健康问题有：学业问题、情感问题、人际关系问题、特殊群体心理问题以及因社交环境而产生的消极情绪。

心理健康教育是提高大学生心理健康水平、培养大学生良好的心理品质的重要途径。心理健康教育作为整体素质教育的基石，其功能与价值是决定整体素质结构的重要因素。人的心理是人的全部精神活动的根本，其影响范围之广、内涵之广，对人的各方面素质的发展有着深远的影响与制约，是把人的各个素质有机地结合在一起，成为人的内在基础，并渗透于人的所有活动之中。从心理学的观点来看，人的其他品质，其实都是属于人的心理的，而构成人格的各个组成部分，都是通过认知的过程和其他的心理活动来实现的。本书从德、智、体三个方面对社会主义教育的基本构成要素进行分析，并探讨其在这方面的作用。

德育的目标是通过对大学生进行思想品德教育，使其达到某种基本的标准，从而逐步形成良好的道德素质。而人的品德，是在社会生活的进程中逐渐形成，并在某种程度上表现出来的。一个人展现了本人的态度、观点、评价、要求，也就是说，出现了内心对自己的要求、内心的监督和制裁，在这种情况下，他可以根据他所掌握的道德规范和信仰而行动，并且在他的意志中保持着相对的稳定和独立，这是所有人的美德。人格的形成取决于人格的倾向性，而道德品格也是如此。世界观、人生观是人格取向的最高层次，它对人类的道德理想、道德修养、所有素质具有普遍的指导意义。要树立高尚的品德，必须树立科学的世界观，正确地处理人生的问题。气质、个性、能力等心理特征在人格品质的形成中扮演着重要角色。人格与道德之间存在着不同而又相互关联的关系，特定的人格是人们对现实的一种稳定的态度和相应的行动方式的心理特点，而与人相关的道德和道德取向，它们之间存在着相互重叠的关系；性情作为一种影响人的精神活动和行为的动力特性，虽然不能确定一个人的品行的优劣，但在德育的过程中，如果采取适当的教育手段，充分发挥它的正面作用，也可以促进品德的形成；而人的能力发展水平，在某种程度上也会对道德判断的发展产生影响。在精神结构中，认知、情感、意志等因素对品德的形成和发展起着重要作用。很多品行不良的学生，是由于错误的认识，缺乏正确的引导能力；或者是意志软弱，无法抵抗外部的诱惑，无法按照社会普遍接受的行为规范来调整自己的需求，从而造成道德问题。许多研究也表明，有精神疾病的大学生，其思想道德问题也会出现问题。总之，作为内部条件的心理因素是道德形成的内因，而教育是道德的外在影响。如果不明白这一点，就不可能知道，在同样的教育背景下，有些人的品质道德是好的，而有些人却是坏的。当然，从另一方面说，一个人的品德一旦形成，就会对他的人格发展以及他的整体精神状态产生一定的影响。思想道德问题和精神问题是相互影响、相互联系的。

智育的首要任务就是要把科学知识传授给学生。心理健康是人们进行认知活动所必须具备的最基本的心理状态。正常的智能是进行高效率学习的先决条件。正如前面提到的，尽管心理健康学生的智能发展程度不同，但是他们都能够将聪明才智和才能有效地用于学业。而在这种情况下，学生往往会处于某种情绪中，并参与到学习中去。情绪是一种对学习有直接作用的内在动力。心理健康的学生能够在一定程度上保持积极的心态，对参加各种学习活动产生浓厚的兴趣，从而促使他们主动地完成各种学习任务。意志对于学习的作用就更加明显了。心理健康学生的学习目标比较明确，能够主动参与学习，能够按照学习活动的需要进行自我调控和自我控制，能够对学习过程中遇到的困难采取有效的应对措施。所谓“勤能补拙”充分表明了个性在学习中的作用。总之，学生对知识的掌握，需要学生的各种心理活动，使他们的思想活动始终处于最佳状态，从而达到良好的学习效果。因此，加强大学生的心理健康教育，保持和促进其心理健康，保证其正常的心理功能和行为，是促进其学习的重要手段。其实，许多心理学的研究都表明，学生的学习问题大部分是由个性原因引起的。

培养学生的智能，也是智育工作中的一项重要内容。而智力是人类思维活动中最普遍的潜能，其自身也是一种精神活动。智力水平的正常也是一个人心理健康的指标。心理健康的大学生，有远大的理想，有踏实的生活和学习的能力，有很强的上进心，对学习和工作既认真，又有激情。在达到预定目标的过程中，能够不屈不挠地完成已经开始的工作，并能在遇到困难的情况下，保持坚强的意志，能适应各种情况和工作的需要。无疑，这些素质极大地促进了人类的潜力发展。

体育教学的根本任务是引导学生进行体能训练，使他们的身体机能得到正常的发展，从而使他们的身体素质不断得到提高。心理健康教育的目的是保持和提高大学生的精神状态。身体健康与心理健康虽然不能单纯地对应，但其在个体的健康中也起着举足轻重的作用。人要想更好地适应和生存，就得不断地适应环境，而当人们无法适应环境时，就会出现各种各样的疾病。现代医学已证实，很多疾病都是由心理原因引起的。此外，在医疗科技发展的今天，生物方面的危害已经得到了很好的控制，而社会心理因素却在不断地影响着人们的健康。因此，加强大学生心理素质的培养，对于促进其身心健康发展具有十分重要的作用。

而社会主义教育应该具备的其他素质，其发展也取决于心理健康程度。只有通过对大学生进行心理健康教育，使其达到最佳的体育锻炼状态，才能使其全面发展。因此，心理健康教育不仅是全面发展的内容，而且是全面发展的内在动力。

### （三）学校心理健康教育的几种方式

与传统的知识教育不同，心理健康教育必须以不同的途径，渗透到学生的日常生活中去。三种主要的学校心理辅导方式，其实就是：教育教学渗透、心理辅导课程、心理咨询。

#### 1. 教育教学渗透

心理健康教育是一项长期、广泛的工作，它不仅不局限于一项活动，还应深入到所有的教育教学活动中去。在学校的教学工作中，教师的思想教育工作不能脱离学校的中心工作，而应该把它融入相关的学科中去。教师在给学生提供知识的同时，也要对其进行心理教育。而且，在学习的过程中，学生的各种心理素质都会得到显示和发展。在教学过程中，教师要注意营造良好的学习氛围、训练学习策略、激发学习动机、引导学生养成学习习惯。

#### 2. 心理辅导课程

心理辅导是一种旨在促进大学生心理健康发展的一系列专题活动，其中包括：心理知识讲座、心理训练、情景设计、专题辨析等。在一定的心理学理论和技术的指导下，通过个人体验作为媒介，通过学习和生活技能的培养，提高学生的社会适应性。在教学过程中，教师不但要让学生了解相关的心理健康知识与技能，培养他们的心理健康意识，还应创造一种情境、气氛，为他们的个性发展和自我约束提供有益的体验。

#### 3. 心理咨询

根据咨询对象，可以将心理咨询分为个体咨询和群体咨询。个体咨询是一种与咨询对象一对一的咨询关系，具有针对性强、双方沟通多、易于建立良好关系等特征。个体咨询的根本特征在于，咨询人和咨询人之间要有一种平等的、相互信赖的关系，这样才能使他们自己发现问题和解决问题。

个体咨询一般包括鉴别、诊断和干预三个步骤。即：识别出学生的心理问题，确定哪些问题可以在学校处理，哪些问题应该由专业的心理咨询机构来处理；就是对大学生的心理问题进行诊断、分析，并进行教育干预。在发现大学生心理问题的病因后，对其进行教育干预，以达到矫正其心理和行为的目的。

集体咨询是由一名或多名咨询师在同一时间向多名咨询对象提供咨询。它具有广泛的咨询面和高效率，小组成员之间可以相互影响、相互沟通、启发和帮助，并通过心理暗示的作用，使学生认识到自己的问题，从而转变自己的态度和行为。虽然团体咨询主要针对有相同心理问题的学生，但个别学生的心理状况和问题的成因也不尽相同。因此，集体咨询常常与个人咨询相辅相成。

人的心理问题包括学生的心理问题按其程度大致可分为三类：第一类是一般的心理状态失调或行为问题，如学习困难、怠学、厌学、考试焦虑、情绪困扰、不良习惯，性格畏怯、孤僻、自卑、依赖、任性等；第二种是神经症，如强迫症、恐惧症、焦虑症、抑郁症、自闭症、神经衰弱等；第三类是严重的心理疾病，如躁狂抑郁症、癔症、青春期精神分裂症等。在大学生的心理问题中，大部分都属于第一种。学校的心理咨询主要针对的也是第一种心理问题。第二种类型问题，要有更多的专业技术和技巧，一般都是由专业的心理咨询机构来处理，但是对于第二种类型的问题，学校的心理咨询应该可以识别和转诊。对于第三种类型的问题，只有像精神病医院这样的组织才能处理。

## 第三节　积极心理学视野下我国大学生的心理健康教育

### 一、心理健康教育的新理念

#### （一）积极心理学

##### 1. 积极心理学的概念

积极心理学是一种全新的心理科学，它以一种积极的视角来看待传统的心理研究。积极心理学是美国心理学协会的会长，塞利格曼于 2001 创立的，他是“积极心理学之父”。

积极心理学运用科学原理与手段对人类的快乐进行了探讨，提倡积极的心理倾向，旨在探讨人类的积极心理品质，关注人类的健康、快乐、和谐发展。

2. 积极心理学的来源

积极心理学的理论基础是20世纪30年代特曼对天才与婚姻幸福的讨论，荣格对人生的价值进行了深入的探索。20世纪60年代，人文心理及其对人体潜力的探索为发展积极心理学提供了理论依据。20世纪后期，西方心理学者开始出现了一种新的心理学思潮，即"积极心理学"。这一思想是由美国现代心理学家赛利格曼、谢尔顿和劳拉·金提出的。积极心理学提倡对人性中的正面性质进行深入的探讨，并将其内在的潜能发挥到极致，推动个体与整个社会的发展，从而实现人类的快乐。这是一种运用心理科学中较为成熟、行之有效的实验和测试方法来探讨人性中的正面因素。

3. 积极心理学的作用

积极心理学在对人文与科学的精神内涵的承袭下，对其进行了一些修改和补充，一改过去的消极的人生观，而更多地关注着人类的积极面。心理学不仅要解决人类的心理问题、行为问题，更重要的是培养人类的精神素质和行动方式。一个人没有问题，并不代表他会天生养成一个好的心态和行动方式。

## （二）积极教育

积极教育的目标大致可分为三个层次：一是帮助个人克服自身的缺点，解决自身的问题，使其获得适当的发展；二是使人获得生产性与道德性，使本来仅有生理特征的人，在获得一定的能力、知识和社会道德之后，变成真正的社会人；三是充分发展天才的才能。然而，目前的传统教育往往将注意力集中于解决学生的种种外在或潜在问题，将其作为一种医疗和道德教育，而忽视了后两个方面，即西方所称的"消极教育"。

积极教育在借鉴积极心理学的有关理论后，提出了其核心价值：用创新的方式，不断地开放自己的思想；人人都能学习、成功，它与年龄、生活环境、个人困难和信念无关；在纠正传统的教学偏见的前提下，加强第二和第三层次的工作。

教育在当今的社会中，不仅起到反愚昧、反缺点的作用，而且在一定意义上，教育还能让人民的生活更加快乐，为将来作好准备。现在，人们只要有一点经验就能解决生活问题，就会变得比以前更令人兴奋。在人类的长期发展历程中，教育曾经是一种被极少数人所拥有的权力，也是一种特权的象征。具体而言，积极的教育是在确保传统的教学内容（也就是常规的技术培训）顺利进行的前提下，将正面的素质与正面的力量结合起来，使学生学会获取和发展正面的情感，学会认识生活的意义，学会与人相处，学会善待自己，等等。教师在与学生的交往中，创造了一个和谐、积极的学习、生活环境。另外，要让学生积极地处理正面和负面的生活习惯，并用正面的视角去看待这些事情。

### （三）积极的心理健康教育

积极心理学的出现与发展，对心理健康教育的研究具有重要意义。积极心理健康教育吸收积极心理学的思想，在“积极教育”和“积极心理疗法”的基础上，建立了积极、发展的积极心理教育理念，加强了职业人士的积极价值观念和人本主义，拓展了心理健康教育的新途径。

#### 1. 整合心理健康教育的目标

以传统心理学为基础的心理健康教育以无心理问题、无疾病为中心，注重学生的负面人格而忽视正面人格的培养。在积极心理学的视角下，积极的心理健康教育的目的在于提升学生的学习与生活质量，提升学生的幸福感。从这一点可以看出，积极的心理健康教育的重点在于培养和发掘学生内在的正面能量，从而使学生真正地感受到幸福、健康、快乐。

#### 2. 深化心理健康教育的内涵

根据传统心理学的观点，心理健康是指消除了心理上的问题和疾病，从而恢复到心理上的健康状态。积极心理学认为，一个人没有精神疾病并不代表他的精神状态良好，在理论上，心理健康是指个人能够持续地寻求快乐，能够经常地感受到快乐，能够充分地发挥自己的才能和潜能。从根本上讲，心理健康和精神无问题是两种不同的发展状态。从身体的角度来看，一个人没有任何身体上的问题，而零状态，绝对不是一个健康的状态。同理，消除一个人的心理疾病，让他的精神状态回到零，并不等于他的心理健康，因为心理疾病的消除和心理健康是两个截然不同的过程。由此，积极心理学在心理健康方面的内涵得到了进一步的拓展，为其在理论和实践上的发展提供了一条新的途径。

#### 3. 心理健康教育的内容与方法的拓展

在积极心理学的视角下，应以发展性和预防性教育为主要内容。它包括积极的情感体验、积极的人格和积极的氛围。积极心理学的研究表明：对个人的积极情感可以增强个人的心理资源，在一定的条件下，个人的行为和认知能力会得到较好的改善；目前，有关积极情感扩展的研究多集中在认知、生理和积极的素质方面。积极情感在认知领域的扩展是积极心理学的一个重要课题，通过对积极情感的扩展作用的探讨，表明在积极情感经验的作用下，个体对所面对的任务具有更充分的了解，并能在一定的环境任务中作出最有效地应对。扩大对个人生理学的积极心理学研究，也是积极情感扩展功能的一个新的突破。美国卡梅隆大学的科恩博士曾经做过一次关于一般感冒的正面情感调查，发现在正面情感方面得分较低的受试者比高分数的受试者更容易患上感冒。当前已有的研究显示，无论何种情境下，受到正面情感影响的人，其乐观、满意度、创造力等与心理健康息息相关的正面特质，都会有所提高。在日常生活中，能够经常感受到正面情感的人，他们的精神资源得到了较好的恢复，他们的幸福感也得到了提高。传统的心理健康教育方式主要有个体化的认识性咨询和课堂认识性教育，积极心理学则主要以团体活动和情境体验为主，朝着多元化的方向发展，把教师、校园建设等环节连接起来，使心理健康教育与高校其他系统形成一个多维的交叉网络。

### （四）加强对大学生的心理健康的正面教育

从积极心理学视角看，大学生的心理健康教育与以往的心理健康教育存在着明显的差异：

第一，对健康的定义存在着差异。前者在定义健康的概念时，着重于心理健康的定义，它不仅意味着没有问题，而且还包含了个人的正面素质和正面的能力。

第二，教学内容的差异。传统的心理健康教育往往涉及问题型和病理型的教育，而积极的心理健康教育则强调在重视人类的各种心理问题的同时，也要花费同样的精力或更多的时间和精力来学习人类的正面能力或正面的素质，因为积极的性格或积极的能力的养成就是一个战胜各种心理问题的过程。

第三，教育目的的差异。心理健康教育的目的主要分为三个层次：一是以预防教育为主，面向所有的学生，发展潜力，提高心理素质；二是以解决心理问题为中心，对常见的心理问题进行心理咨询，以消除其心理问题；三是以心理疾病的治疗为主要目的，对有心理疾病的人进行心理诊断与治疗。长期以来，我国教育教学改革的重点往往集中在第二、三个方面，忽视了对初级目标的关注。而积极的心理健康教育则是加强第一阶段的心理健康教育，同时兼顾第二、第三层次的心理健康教育，以达到三者的有机结合，把心理健康教育的目标贯彻到每一个学生的成长过程中去。

有关心理健康的研究显示，个人在认识到自己的健康目的后，会采取相应的策略来实现其目的，即在人生的整个生命中，个人都会自觉地将自己的态度和行为与其所追求的目标保持一致。所以，对于个人而言，他的健康目标是特别重要的。假设一个人的健康目标仅仅是没有问题，那么他就会以解决问题为基础，而当他意识到自己没有问题的时候，他就不会为了实现自己的目的而继续努力。反之，如果一个人的目标是培养自身的正面能力和正面素质，那么他就会一直处在对快乐和自我发展的追求中。

在积极心理学的视角下，大学生的心理健康教育应该是：教育工作者根据大学生的心理发展特征和规律，运用积极心理学的理论和实践的知识和技能，采取恰当的方法与途径，以增加大学生的积极情绪，培养和发展大学生的积极品质和积极力量、塑造大学生积极人格为教育内容，以大学生拥有蓬勃、丰盈的幸福人生为最高追求目标的教育活动。

## 二、积极心理学引导下的大学生心理健康教育模式的构建

高校心理健康教育的实践活动，对提高大学生心理健康水平、减少心理疾病的发生有积极作用，初步构建的高校心理健康教育制度，对学生的健康发展起到了积极的推动作用。但是，我们也应该看到，目前高校学生的心理健康状况依然不容乐观，存在着严重的心理危机。大学生的心理问题发病率很高，在休学（离校）期间，由于心理疾病而辍学的学生仍然占据很大的比重。与此同时，一些被视为心理健康的大学生，他们的精神状态也不容乐观：很多的大学生都是早上睡觉、晚上起床，大部分时间都花在游戏、网络聊天上，生活没有意义，学习没有目标。部分原因在于目前大学生的心理健康教育未能让他们树立健康、积极的生活态度，没有给予他们以希望和力量。教育应培养一个对未来充满希望、乐观、自信、懂得感恩的大学生。

积极心理学提倡从正面的角度去理解各种心理现象，关注并鼓励人的正面素质和正面力量，重视发掘人的潜能，发掘人的创造性，使人获得富足而快乐的生活。为此，我们应该积极地把积极心理学思想融入大学生的心理健康教育中来，使其在教育目标、教育原则、教育内容、队伍、方法、保障和评价等方面实现全面的转变，从而形成一种崭新的心理健康教育模式。

### （一）“幸福人生”这一教育目标的确定

高校思想政治工作是一项综合性的系统工程，它的专业性、科学性、知识性和技术性都很高，且有着自身的特殊性。科学地建构大学生的心理健康教育目标，是使其扎实、高效地进行的一个先决条件，也是一个重要的指标。

#### 1. 传统的心理健康教育的目标

我国传统的大学生心理健康教育目标分为三个层次：一是发展目的，旨在促进学生的潜能开发与心理素质的提高；二是预防目的，主要是为有一般心理问题的学生提供心理咨

询；三是治疗目的，主要是针对个别有精神问题的学生进行诊断、治疗或转介。

在此目标的指引下，大学生的心理健康教育主要有四个方面：一是加强对大学生的心理健康知识的宣传和普及，使他们了解健康的心理对于他们的成长和成才的重要性；二是通过介绍提高大学生的自尊、自爱、自律、自强等素质，有效地挖掘他们的心理潜力，促进他们的创造性思维发展；三是通过对心理现象的分析，使大学生认识到常见心理问题的成因和表现，从而达到科学的治疗目的；四是通过传授心理调节的方式，使大学生克服困难、珍惜生命、克服挫折、善待他人、悦纳自己、关心集体。

#### 2. 建立积极的心理健康教育目的

积极心理学的目的在于追求快乐生活的最好状态，而实现这一目的的首要方法就是塑造正面的个性，而正面的个性则依赖于正面情感的累积。以积极心理学为指导的大学生心理健康教育目标可分为三个层次：最高目标——快乐生活；中等目标——建立正面性格；最初目标——积极情感。正面情感与正面个性有着密切的联系，正面情感对个性的形成起着举足轻重的作用，而积极的情感体验则是最基本的目的。

### （二）营造良好的心理素质教育体系

心理健康教育的内容是其目的的具体体现，它直接为实现心理健康教育的目的服务。总体而言，影响大学生心理健康教育的主要因素有三个：第一，心理健康教育的目的；第二，教育对象的年龄、心理发展程度；第三，教育对象的心理健康现状。

#### 1. 高校心理健康教育的传统内容

传统的心理健康教育的目的是提高学生的心理素质和心理健康水平，其内容包括：了解基本的心理健康知识，发展自我，提高心理调节能力。

#### 2. 积极的大学生心理健康教育内容

在积极心理学引导下的心理健康教育目标的三个层次基础上，高校心理健康教育的主要内容是对大学生的正面心理素质的培养。正面的心理素质是正面个性形成的基础，而且正面的心理素质是塑造正面个性的关键，它不但能增强正面的经验，而且是走向丰盈、幸福人生的一条重要途径。积极心理学的目的就是要从负面心理向正面心理的转化，从而使心理问题得到治疗，形成人的正面人格。要达到这一目的，心理学就必须在心理疾病的防治与治疗中，将人性素质的建构引入到第一线。积极心理学引导的心理健康教育应该以积极的心理素质为中心，包括积极的情感、专注与投入、人生意义、积极的人际关系。

总体而言，传统的心理健康教育在传统的主流心理学思想的引导下，其内容主要包括基本知识的认知、自我认识和发展、心理问题的识别和调整，主要通过解决心理问题来提高其心理素质和心理健康；积极心理导向的大学生心理健康教育在积极心理学理念的指导下，其内容主要以积极心理品质的认知和发展为主，通过激发积极情绪、培养积极心理品质以及塑造积极人格等来增加大学生人生的丰盈度。

### （三）坚持以“四位一体”为核心的教育方针

大学生积极心理健康教育的原则是按照高等学校整体教育的需要和其自身特点而建立起来的，是长期实践活动的经验总结，体现了大学生积极心理健康教育的基本规律，是高校开展大学生积极心理健康教育工作必须遵循的基本要求。坚持和贯彻心理健康教育的基本理念，有利于推进心理健康教育工作的科学化，增强心理健康教育的实效性。

从积极心理学视角看，大学生的心理健康教育应该遵循“积极性”“全体性”“主体性”和“系统性”四个维度。

#### 1. 积极性原则

积极主义，即教育工作者坚持积极的教育，从积极的角度去激发受教育者的积极情感，挖掘受教育者的潜能，发挥受教育者的美德，培养被教育者的积极品格和积极的力量，从而使受教育者成为一个积极、乐观、充满活力、快乐的人。积极的教育理念应该贯穿于教育目标、教育内容、教育方法和手段、教育队伍、教育评估等各个方面。

#### 2. 全体性原则

全体性原则就是要以全体学生的心理发展需求为出发点，面向全体学生，以促进整个社会的心理发展。建立和重视全体性原则，与其心理发展特点、心理需求的相似性、积极心理学发展的目的、积极心理导向、心理健康教育的功能和任务密切相关。第一，由于大学生的年龄相近，他们的心理特征有相似之处，他们的心理需要也是普遍存在的，这是实现全体性原则的前提与依据。第二，大学生的心理素质，特别是积极的心理素质，在整个社会中都占有举足轻重的地位。第三，积极心理学旨在促进整个社会的繁荣与富裕。大学生的心理健康教育以积极心理学为指导，其首要目的就是要使大学生的生命活力和丰盈程度得到提高，只有把所有的大学生作为教育的对象，才有可能达到这一目的。如果仅仅针对个别有心理问题的学生进行教育，尽管他们的心理问题得到了很好的处理，但是大部分学生的积极心理品质却没有得到培养和提升，就会出现新的问题。这样，不但基本的教育目的不能达到，而且更高的目标——富足的快乐生活也成了一种奢望。

### 3. 主体性原则

主体性原则就是要在积极的心理引导下，充分发挥大学生的主体性和主动性。基于三个方面的原因：

第一，积极心理学引导下的大学生心理健康教育的本质特征。大学生心理健康教育应以增强学生的正面情感、培养学生积极的心理素质为目标，使其处于最佳的生活状态、获得健康、快乐的生活。教育的有效性主要依赖于个人主体性的发挥，而如果受教育者没有积极的自觉性，就会影响到教学的效果。而心理健康教育又是一个帮助他人的过程，它是由教育者的帮助方式实现的。只有作为大学生的主体，全面地参加了心理健康教育，才能真正地把握自我，从而实现自我。

第二，受其心理特点的影响。由于处在青年晚期，大学生具有较强的自主意识和自主思维能力，他们希望能够自主地思考、积极地探索问题。主体性原则的落实，使学生在学习过程中的主体性地位得以充分体现，同时也能充分地满足学生对自主学习的心理需求。

第三，落实教育部文件精神。高校要充分发挥学生的主体作用，满足学生的成长需求；要重视发挥班集体建设在大学生心理健康教育中的重要作用，支持学生成立心理社团，组织开展心理健康教育活动，普及心理健康知识，充分调动学生自我认识、自我教育、自我成长的积极性、主动性。

### 4. 系统性原则

广义系统论的奠基者贝塔朗菲把系统看作是一个整体，认为系统是一套以特定的顺序互相连接的东西，与周围的环境有某种联系。从系统的概念属性来看，以积极心理学为主导的大学生心理健康教育是一个由目标、原则、内容、队伍、方法等构成的有机体系。每一种制度都有其自身的作用，其作用的强弱，既与各个因素的作用有关，又与其结合的方式有关，也与外部环境有关。任何系统都是一个有机的整体，而非机械地将其组合或简单地相加，其总体作用要比单独的各部件的功能总和大。

在积极心理学引导下，教育者应以系统的视角来引导思想教育，将其视为一个有机系统，充分利用系统中各个因素的最优作用，优化系统结构，创造良好的环境，从而促进系统的全面发展。大学生的心理健康教育本身就是一个由多因素组成的有机系统，而大学生积极心理素质的培养是一个巨大的系统工程。只有坚持系统的思想，从系统的角度出发，才能最大限度地发挥积极心理学的作用，使大学生充分发挥其积极心理素质，充分挖掘其心理潜力，使其最大限度地实现丰盈蓬勃的幸福生活。

上述四个基本原则互为补充，各有其优势。积极性原则强调教育的价值和观念，它是贯穿于积极心理学的“灵魂”，起到引导的作用；全体性原则强调教育对象的范围，体现教育的普遍性，是积极的心理导向的“细胞组织”，起到身体的保护作用；主体性原则强调教育对象的主动性、积极性、参与性，是心理健康教育的“心脏”，具有积极的心理导向作用；系统性原则强调教育要素、结构和环境的协调，从而使系统的整体功能最大化，达到积极的心理引导和调控作用。四个基本原理相互补充，共同引导大学生实现心理健康。

### （四）丰富积极心理体验的途径

大学生心理健康教育的内容与目标的实现，其途径与方法是至关重要的。好的办法事半功倍，否则将一事无成。积极心理素质的形成是一个复杂的过程，它决定了积极的心理健康教育的实施途径和方法，应该以丰富和深化积极的心理经验为主要特点。

#### 1. 建立积极的心理学课程体系

教育部提出，要充分利用课堂教学作为大学生心理健康教育的主渠道，构建和完善与之相适应的课程体系。学校要设置必修或选修科目，并按一定的学分进行，以确保学生的心理健康教育。积极心理学引导的心理健康教育是以促进和提升大学生的正面心理素质和正面能力为目的的。积极开展的心理健康教育，由于其知识传授效率高、受益面广，能够很好地实现这一目标。积极心理学课程是促进大学生心理健康的有效途径。以积极心理学为指导，分阶段、分层次地发展大学生积极心理品质，塑造积极人格。在教学手段上，要强化课堂的互动性、参与性、体验性，以提高课程的吸引力和感染力，提高学生的情感体验，从而达到教育和教学的目的。

#### 2. 推动积极的心理健康辅导

在心理健康教育中，传统心理辅导可以有效地解决和减轻大学生心理疾病，减少大学生心理危机。但是，相对于积极的心理辅导来说，它更具有负向性，对大学生的正面心理素质的塑造是不利的。例如，在心理健康观念上，传统的心理辅导理论认为，没有心理疾病就是心理健康，积极心理咨询则认为，一个人是否患有精神疾病，与其是否经常经历积极情绪、是否拥有幸福感有关。传统的心理辅导以解除或减轻精神疾患、拥有正常的生命为目的，积极的心理辅导则以增加幸福感、培养积极品质、拥有蓬勃的人生为目的。已有研究表明，积极的心理辅导和治疗能有效地减轻抑郁和提高疗效。积极进行心理辅导，辅导员应建立正向的心理健康观念。积极交往、发掘和利用个性优势、寻求生命意义、寻求人际支持、创造更多成功机会等途径，以增强来访者积极情绪，提高积极心理品质，消除和缓解心理疾病，拥有幸福、繁荣的生活。

### 3. 运用正面的心理测验方法

当前，大多数高校和教育工作者都在使用“问题”心理测验技术对大学生进行心理健康测评。在大学生心理健康调查中，一般采用的量表有大学生个性量表、症状自评量表等；这些量表和调查表主要是反映人们的消极心理倾向和心理问题症状。从这些量表中得到的数据只能反映个人的心理健康，要想全面地了解他们的心理健康，就必须运用“正面”测验技术和“负面”测验技术。运用积极心理学测验技术，可以获得更多的资料，对其进行客观的评价，进而增强其科学性与针对性，促进其持续发展。运用人格力量的量表、主观幸福感的量表、优势价值实践的量表、生命意义的量表，不仅可以丰富和补充心理健康的量表，而且能够帮助大学生更好地理解自己的优势和潜力，为培养和发展积极素质和潜力提供依据。

### 4. 利用自助的心理健康教育资源

大学生自助性的心理健康教育是指个人的自我教育或团体之间的互相帮助、分享、影响，从而促进和实现大学生的心理健康发展。大学生自助式的心理健康教育具有“近水楼台”“润物无声”的特点，更容易被学生所接受。在高校开展自助式心理健康教育过程中，大学生作为教育的主体和对象，不仅解决了目前高校师资短缺的问题，而且对传统的以教师为主的心理健康教育模式起到了很好的促进作用。

在充分发挥大学生自我保健作用的过程中，要注重对其进行有效教育。心理辅导、团体社会工作等是可以借鉴的。心理辅导是由非职业心理工作者经过甄选、培训和监督，向寻求协助的同龄人提供心理咨询服务。通过对大学生进行心理咨询，可以为大学生提供有效的心理咨询服务，促进积极的心理健康教育。

### 5. 建立积极的校外心理健康教育平台

传统的心理健康教育侧重于课堂教学，强调营造学生的学习环境，而忽视了对学生的生存与虚拟空间的利用。积极心理学引导下的大学生心理健康教育应该重视学生的生命空间与学习空间、现实空间、虚拟空间的系统性连接和有机结合，充分发挥各类教学平台作用，弥补各种空间的不足，促进教学实效性的提升。一方面，要强化现实中的班级、宿舍等心理健康教育平台。可以利用主题班会，开展有计划、有系统、有主题的积极的心理团体活动。高校可以鼓励学生在寝室里开展各种主题的积极的心理团体活动，建立积极的心理聊天室，由专业的心理咨询师来指导，并选派受过培训的学生志愿者来组织和协调。另一方面，要充分利用网络上的博客和微信等虚拟资源。互联网的便捷性、虚拟性以及大学生上网的普遍性使得它成为积极的心理健康教育的一个良好的空间和平台。通过微信、微博等多种渠道，对大学生进行积极的心理健康教育。例如，积极情绪促进空间、兴趣发展平台、积极人际沙龙、成功三人行论坛、名人或热点人物人格优势分析、心理电影或心理剧欣赏等。充分利用虚拟教学平台，可以极大地增强大学生的参与性和受惠面，从而有效地提高心理健康教育的效果。

6. 开展各种积极的心理健康教育活动

大学生的心理健康教育是一种以参与感高、趣味性高的方式进行的心理健康教育活动。在放松、愉悦的氛围中，可以潜移默化地促进身体和心理的健康发展，发掘和开发个人的潜力。一个人的性格，其实际的根基不在于他的基因序列，不在于他的才能和渴望，不在于他的知识和技能，而是在于通过知识和技能来完成他的活动。活动的形式和类型要尽量丰富，这样才能使学生的兴趣更加浓厚，有利于学生的全面发展。如积极心理团体辅导、积极人际辅导、积极情绪辅导、生涯规划辅导等；而大学生心理素质拓展活动，则包含了信心之旅、无敌风火轮、分分合合、心理剧、心理文化活动等。

通过构建课堂内外、现实与虚拟、全方位、立体化的积极心理体验框架，丰富和深化积极的心理体验，以丰富多彩、喜闻乐见为特点的教学方式和方法，是促进大学生积极心理健康教育的重要途径。

### （五）加强教育与教学队伍的建设

心理教师队伍在心理健康教育中起着举足轻重的作用。全国高校要加强大学生心理健康教育，建立一支由专职教师组成的、专业互补、专兼结合、相对稳定、素质较高的队伍。当前，我国大多数高校已初步形成了一支专兼结合、相对稳定的教师队伍。在借鉴传统高校心理健康教育的优点的前提下，积极心理学引导的教师队伍建设应该得到进一步的发展和完善。合理的人员结构、积极的人格特征、严格的准入标准和优质的渠道资源是促进高校心理健康教师专业化发展的必然选择。

### （六）健全“五位一体”保障机制

教育部明确提出：“要继续健全大学生的心理健康教育保障体系，各省、自治区、直辖市的教育行政部门、高等院校要保证必要的工作经费和条件，以确保工作的顺利进行。”按照教育部的文件精神，要成功实施积极心理导向的心理健康教育，必须建立“五位一体”的制度保障、机制保障、经费保障、场地保障和科学研究保障。因此，要从五个层面上加强和健全保障制度。

1. 健全教育工作机制

科学合理的心理教育机制，既能确保心理健康教育的正向发展，又能确保其有序、高效地开展。针对当前我国大学生心理健康问题的负面影响，需要从心理层面上加强大学生心理健康教育的机制体系，主要可以采取以下措施：一是改善管理体制，使积极心理学专业背景的大学生心理健康教育脱离道德教育，建立相应的学科、专业，并将其融入学校的人才培养系统中；二是建立教师职业准入制度，确保具有积极心理学专业背景的教师进入大学生积极心理教育师资队伍；三是完善心理健康教育活动运行机制，保障各高校在课堂教学与心理咨询服务中，要开设一定数量的结构合理的积极心理学的相关课程，并展开个体或者团体大规模的积极心理学的咨询。

2. 建立教育工作的独立机构

在高校思想政治工作中，大学生的心理健康教育是一个重要的内容，它对大学生的健康定位和职业发展有着重要的影响。建立独立的工作机制，有利于促进大学生心理健康教育的专业化发展。工作单位的上级机关也要随之调整，由学校与权威的社会心理组织联合进行指导与管理，学校承担行政责任，由社会心理权威组织进行业务指导。同时，高校还应该建立积极的心理健康教育研究部，为大学生的心理健康教育工作提供科学与技术支撑。

3. 为教育工作提供充分资金

高校在开展积极心理健康教育时，除了要为学生的心理健康教育提供一定的环境、设备和其他硬件设施外，还要保证学生的生活支出，按每年 10 元的标准，列入学校的财政预算，做到专款专用。经费要有科学的预算，可以在设备更新，软件采购，专家讲座，心理健康普查，师资培训，项目申报等方面起到很大的支撑和保障作用。其中，可以通过接受社会捐赠扩大资金来源。

4. 扩大学校以外的教学场所

教育部要求，要为大学生的心理健康教育服务提供充分的场所，保证其正常进行。然而，目前大部分高校对专业的心理健康教育与辅导场所的建设还不够重视，许多场所的功能较为单一，难以真正适应学生的实际需求。在积极心理学指导下，高校毕业生的心理健康教育工作场所不能仅限于校园，而是要主动与社区、社会、救济所等组织进行协作，发挥大学生的智力、知识等优势。学校定期举行救助活动，不仅可以促进大学生的积极心理素质，而且有益于他人和社会，还可以缓解学校工作场所紧张的局面。

5. 强化教育理论的正面研究

在全国建立大学生心理学协会、积极心理学分会，各省市区要建立相应的分会，有条件的大学要建立积极心理学研究所。国家和省级科研项目中，要有积极心理学的课题。通过对高校心理健康教育的深入研究，提高高校心理健康教育的科学性、实效性，为高校心理健康教育的发展提供理论支撑和决策指导。

## （七）构建积极心理学思想评价系统

科学的心理健康评价可以指导、督促和检查心理健康教育工作的有效实施，是确保心理健康教育科学化、规范化发展的必要手段。当前，大学生心理健康教育评价尚不完善，国内尚无统一的评价标准。现有的评估体系还存在评价观念落后，评价指标单一，评估指标过于片面等问题。在积极心理学指导下，我们将通过积极评价的思想，建立一个全面、立体的评价指标体系，通过多种评价手段，使评价队伍的质量和结构得到优化，提高评价的科学性和有效性。

要强化大学生心理健康教育工作的科学性和有效性，我们必须将正面心理理念贯彻于评估的整个过程，构建积极可行的评价指标体系。这一评价指标体系必须是多元评价的。此外，我们应该对评估工作队伍的素质和结构进行优化，使评估工作能更好地反映心理健康教育的实际效果，更好地发挥其引导、调解、监督、激励的作用。

# 结束语

教育心理学与学科的配合施教是一个趋势，将学科的特点与教育心理学的具体融合是当前教育的工作重点。未来的教育工作是一个多元化的工作，也就是每个学科的教学体系都会有一个主体的同时，附有更多的支体，那么因材施教的可能性就会进一步地接近实现。心理教学策略对学生未来工作和生活的影响也应该是我们关注的，这样可以对策略实施的纠错提供参考数据库，但这个工作量是巨大的，需要我们各界人士付出心血才能完成，不过不积跬步，无以至千里，我们要多积累多探讨，把教育心理学的工作做好做细。

# 参考文献


[1] 彭艳. 新形势下高校教育心理学改革路径探析 [J]. 科教文汇（上旬刊），2021(07)：133-135.

[2] 高璇. 教育心理学理论在初中物理说课中的应用研究 [D]. 青岛大学，2019.

[3] 崔佳. 杜威心理学思想演变研究 [D]. 河北大学，2019.

[4] 王安宁. 初中思想政治课教育心理学化理论应用探析 [D]. 河南大学，2019.

[5] 蔡蒙蒙. 基于首要教学原理的高校电子教材设计与开发 [D]. 东北石油大学，2019.

[6] 任惠凤. 师范生的教师教育课程认同、学习投入度及学业成就的关系研究 [D]. 山西师范大学，2018.

[7] 聂婕婷. 中职学校基于网络教学平台混合式教学体系的建构与实施管理 [D]. 云南师范大学，2018.

[8] 陈渝. 中美大学教育心理学教材比较研究 [D]. 陕西师范大学，2018.

[9] 李陈哲. 教育科学化求索的一个样本 [D]. 华东师范大学，2018.

[10] 何晴. 教育心理学著作 The Praeger Handbook of Education and Psychology（Chapter107-109）英汉翻译实践报告 [D]. 黑龙江大学，2018.

[11] 汪莉娜. 声乐教育心理学在声乐舞台表演中的运用 [D]. 海南大学，2018.

[12] 陈时. 语文教育中的隐性要素研究 [D]. 贵州师范大学，2018.

[13] 浦一婷. 教育心理学理论视阈下本科生英语阅读策略的调查研究 [D]. 南京邮电大学，2017.

[14] 吴娜. 结合教育心理学探讨高中数学思想方法的教学策略 [D]. 西北大学，2017.

[15] 钱同庆. 中小学教师心理健康教育知识的掌握问题研究 [D]. 渤海大学，2017.

[16] 易刚. 社会主义核心价值观大众认同机理研究 [D]. 西南交通大学，2017.

[17] 王超. 张耀翔的教育心理学思想研究 [D]. 山东师范大学，2017.

[18] 李丹. 幼儿教育心理学著作 Developing Thinking and Understanding in Young Children（节选）英汉翻译实践报告 [D]. 黑龙江大学，2017.

[19] 张婉莉. 高校辅导员职业心理韧性研究 [D]. 陕西师范大学，2016.

[20] 郑婷婷. 地理教育心理学的研究内容及在教学中的价值体现 [D]. 山东师范大学，2016.

[21] 兰国帅. 基于知识图谱的国际教育技术发展研究 [D]. 南京师范大学，2016.

[22] 穆瑞清. 提高职高《幼儿教育心理学》课堂教学效果研究 [D]. 内蒙古师范大学，2015.

[23] 陈翼. 人本主义教育心理学理论在大学声乐教学中的应用研究 [D]. 湖南师范大学, 2015.

[24] 张云. 教育心理学在高校思政课教学中的运用研究 [D]. 河北工业大学, 2015.

[25] 杨彬彬. 从教育心理学角度研究儿童钢琴教学 [D]. 哈尔滨师范大学, 2014.

[26] 王燕燕.《教育心理学》(第六章) 翻译实践报告 [D]. 郑州大学, 2014.

[27] 周游.《乐记》中的音乐教育心理现象研究 [D]. 湖南师范大学, 2014.

[28] 张雁凌. 铃木"才能教育"心理学解读: 以铃木钢琴教学为例 [D]. 上海音乐学院, 2014.

[29] 叶小玲. 思想政治教育的心理学方法介入——基于大学生亲社会行为教育方法的维度构建 [D]. 暨南大学, 2014.

[30] 丁仁仑. 大学英语教师信念系统研究 [D]. 上海外国语大学, 2014.

[31] 彭梅. 积极心理学视野下大学生心理健康教育研究儿童展览与教育项目的视角 [D]. 黑龙江大学, 2014.

[32] 李术红. 思想政治教育心理学学科建构研究 [D]. 哈尔滨工程大学, 2014.

[33] 周婧景. 博物馆儿童教育研究儿童展览与教育项目的视角 [D]. 复旦大学, 2013.

[34] 方必基. 青少年学生心理资本结构、特点、相关因素及团体干预研究 [D]. 福建师范大学, 2012.

[35] 段瑞芬. 教育心理学视野下的曾国藩家庭教育思想研究 [D]. 河南师范大学, 2011.

[36] 程明凤. 基于 SNS 的混合学习研究 [D]. 华中师范大学, 2011.

[37] 洪歆慧. 从教育心理学角度探索学前儿童玩具的优化设计 [D]. 江南大学, 2008.

[38] 刘毅玮. 西方心理学的传入与中国近现代心理学科的发展 [D]. 河北大学, 2006.

[39] 郑葳. 教育心理学重构 [D]. 华东师范大学, 2005.

[40] 孙霞. 教育心理学理论在大学生思想政治工作中运用的研究 [D]. 西南政法大学, 2005.

[41] 崔景贵. 当代大学生心理发展特点与高等教育新理念 [J]. 高教探索, 2005 (1): 83-87.

[42] 肖格格. 中学生厌学文言文现象的教育心理学分析 [D]. 华中师范大学, 2004.

[43] 刘慧群. 交往的心理学审思及其在教育改革中的理性定位 [D]. 湖南师范大学, 2003.

[44] 王文静. 基于情境认知与学习的教学模式研究 [D]. 华东师范大学, 2002.

[45] 彭梅. 积极心理学视野下大学生心理健康教育研究 [D]. 黑龙江大学, 2014.

[46] 崔景贵. 当代大学生心理发展特点与高等教育新理念 [J]. 高教探索, 2005 (1):

83－87.
[47] 刘慧群. 交往的心理学审思及其在教育改革中的理性定位 [D]. 湖南师范大学, 2003.
[48] 皮连生. 教育心理学第4版 [M]. 上海：上海教育出版社. 2011
[49] 董奇，边玉芳. 教育心理学 [M]. 杭州：浙江教育出版社. 2009.
[50] 左浩德，沈梦怡，濮安山，黄强联. 数学教育的核心目标：拓宽学生获取数学能力的途径——第43届国际数学教育心理学大会会议综述 [J]. 数学教育学报，2020，29（6）：92－97.
[51] 徐锦芬，黄子碧. 国际自我调节学习研究——二语教学与教育心理学的对比分析 [J]. 外语学刊，2020（6）：1－8.
[52] 李晓晨. 课程思政视域下的教育心理学课程设计——以“学习动机”为例 [J]. 晋中学院学报，2020，37（4）：93－96.
[53] 李贵安，刘洋，王力，程晓婧. “以赛促教、以赛促学”的教育心理学理论依据与实践价值 [J]. 高等理科教育，2019（4）：59－63.
[54] 杨宁. 课堂学习的进化观 [J]. 全球教育展望，2019，48（8）：116－128.
[55] 俞国良，琚运婷. 教育心理学对心理健康问题的研究 [J]. 黑龙江高教研究，2019（4）：89－93.
[56] 董杰，姜昱洲. 思想政治教育心理学的核心范畴探究 [J]. 学校党建与思想教育，2019（3）：27－30.
[57] 熊媛，王铭军，盛群力. 教育心理学研究对人工智能神经网络设计的启示——以学习方式分类学（ICAP）研究为例 [J]. 中国电化教育，2018（11）：118－125.
[58] 刘桂荣，张景焕. 教育心理学研究的特点和趋势——基于2011－2015年《Journal of Educational Psychology》刊载文章的分析 [J]. 山东师范大学学报（人文社会科学版），2017，62（4）：123－132.
[59] 胡艺龄，祝嘉钰，顾小清. 以话语分析挖掘社会性学习价值——访国际知名教育心理学专家凡妮莎·登嫩教授 [J]. 开放教育研究，2017，23（2）：4－12.
[60] 董连春，曹一鸣. 攀登数学教育研究高峰——第39届国际数学教育心理学大会综述 [J]. 数学教育学报，2016，25（2）：1－10.
[61] 胡珊，邢涛. 慕课视域下“教育心理学”课程教学 [J]. 现代教育技术，2015，25（6）：78－82.
[62] 张大均，苏志强，王鑫强. 中德教育心理学发展的比较研究——基于2000—2010年发表论文的分析 [J]. 教育研究，2015，36（4）：115－123.
[63] 唐燕儿，魏旭阳. “微课”的优势与发展——基于教育心理学的视角 [J]. 华南师

范大学学报（社会科学版），2014（6）：84－87.
［64］佘双好，张莉华．思想政治教育心理学研究：现状、问题与发展［J］．思想理论教育，2014（10）：32－38.
［65］雷鸣．心理健康教育心理学的构建：内涵、研究对象与学科体系［J］．四川理工学院学报（社会科学版），2014，29（3）：31－42.
［66］吴忭，顾小清．通向有效的教学方法和教学设计的途径——访国际知名教育心理学教授保尔·科士纳［J］．开放教育研究，2013，19（5）：4－11.
［67］张春莉，权元元．教育硕士研究生培养中应用案例教学法的实证研究——以教育心理学课程为例［J］．学位与研究生教育，2013（1）：44－48.
［68］叶浩生，杨文登．教育心理学：历史、分歧与超越［J］．教育研究，2012，33（6）：103－111.
［69］杨芷英．思想政治教育心理学研究综述［J］．思想理论教育导刊，2007（11）：70－77.
［70］张承芬．教育心理学［M］．济南：山东教育出版社．2008.
［71］张承芬．教育心理学［M］．济南：山东教育出版社．2000.
［72］张大均．教育心理学［M］．北京：人民教育出版社．2005.
［73］莫雷．教育心理学［M］．北京：教育科学出版社．2007
［74］陈雯轩．心理·情感·教育——现代教育心理学新思维（下）［M］．哈尔滨：黑龙江教育出版社．2012.
［75］韩仁生，李传银．教育心理学［M］．济南：山东人民出版社．2008.
［76］王春阳，杨彬，张婕．教育心理学［M］．成都：电子科技大学出版社．2017
［77］冯建军．教育的人学视野［M］．合肥：安徽教育出版社．2008.

**图书在版编目（CIP）数据**

教育心理学研究 / 任祯，董亚頔，郭建伟著. -- 湘潭 : 湘潭大学出版社，2023.6
ISBN 978-7-5687-1194-4

Ⅰ. ①教… Ⅱ. ①任… ②董… ③郭… Ⅲ. ①教育心理学一研究 Ⅳ. ①G44

中国国家版本馆 CIP 数据核字（2023）第 139862 号

**教育心理学研究**

JIAOYU XINLIXUE YANJIU

**任祯 董亚頔 郭建伟 著**

**责任编辑**：丁立松
**封面设计**：张丽莉
**出版发行**：湘潭大学出版社
**社　　址**：湖南省湘潭大学工程训练大楼
**电　　话**：0731-58298960 0731-58298966（传真）
**邮　　编**：411105
**网　　址**：http://press.xtu.edu.cn/
**印　　刷**：长沙印通印刷有限公司
**经　　销**：湖南省新华书店
**开　　本**：787 mm×1092 mm 1/16
**印　　张**：10.5
**字　　数**：230 千字
**版　　次**：2023 年 6 月第 1 版
**印　　次**：2023 年 6 月第 1 次印刷
**书　　号**：ISBN 978-7-5687-1194-4
**定　　价**：56.80 元

责任编辑：丁立松
封面设计：张丽莉

湘潭大学出版社

ISBN 978-7-5687-1194-4

定价：56.80元